JN217705

彼からもお金からも一生愛され続けるワケ

わがままに生きるほど世界はあなたの味方になる

向井ゆき
Mukai Yuki

三笠書房

はじめに

もっとわがままに、エネルギーを味方につけて生きる

ようこそ、エネルギーの世界へ！
あなたも私もエネルギー、
だから人生を楽しもう！

こんな怪しすぎるメッセージからスタートして、びっくりした方もいると思いますが、初めまして、向井ゆきです。〝あなたも私もエネルギー〟って、なんだか怪しいですが、私はファッションが好きで、仕事が好きで、休憩時間にはいつもＳＮＳをチェックしているような、普通の女子です。

ただちょっとだけ普通ではないところは、複数の会社を経営していることと、この

世界はエネルギーだと信じきって生活していることでしょうか。

私の考えるエネルギーとは、自分自身の振動数のことです。実は、この世界にある見えるものも、見えないものも全部振動しています。肉体も、思考も、周りにいる人も、動物も植物も物も全てね。そして、自分の振動数と同じ振動数のものが引き寄せられます。

私はこのエネルギーの法則に従って行動した結果、ブロガーから会社を設立し、2年目にして年商1億円を超えていました。また、ジュエリープロデュースや、メディア出演など、多くの夢も叶えました。


そして何よりも嬉しかったことは、大きな夢の一つ、「本を出すこと」がこうやって叶ったことです。この本は、私が初めて書いた本になりますが、あえて話し言葉で書かせていただきました。それは、この本を身近に感じてほしかったからです。まるで友達から話しかけられているような感覚で読んでいただけたら嬉しく思います。なぜなら……過去の私が、そういったなんでも話せる友達が欲しかったからです。

20代の前半、悪口ばかりを話題にするような友達と距離を置き、私は孤独になりました。一人が好きとはいっても、相談する人もいないのはわりとこたえます。求めていたのは、胸の内にある大きな夢を語れるような、目に見えない世界もあるんじゃないかと話せるような、今抱える問題をどうしたらいいのか相談できるような、そんな友達でした。でも現実は、一人。困った時は本。悲しい時は本。迷った時は本……。たくさんの本に助けを求めていました。

当時は肩ひじ張って強がっていましたが、本音を言うと、友達に「つらいよ～」ってメールしたら、「大丈夫だよ！　ゆきちゃんならできるよ！」って言ってほしかったんです。ワクワクする夢を、友達と一緒に語りたかったんです。ですので、この本がもし、読んでくださる方の友達の一人になれたら、とても嬉しいです。

ちなみに私は、幼い頃からずっと本を書くことが夢でした。その10年来の夢が叶ったのは、まぎれもなくエネルギーのお陰です！　普通は編集者とか、仲間とか、言うところなのかもしれませんが、私から見ると周りの人たちは全部エネルギーなので、総称してエネルギーに感謝したいと思います（笑）。

この本に書いている通り、自分の周りがエネルギーだと考えると、人生は驚くほど

楽しく豊かになります。みんなが今描いているような夢も、欲しいものも、欲しい男性も、手に入れることができます。エネルギーを高くして生きているだけで全て上手くいくんです。だって私自身、佐賀県の山の麓《ふもと》で育ち、24歳の時に上京し、たった数年で欲しかったものを全て手に入れたんですから。

そのエネルギーを高めるキーワードこそ、「わがままになること」。

わがままと聞くと、自分のことしか考えないで、人に迷惑をかけることを連想するかもしれません。でも実際は違います。**わがままになるとは、自分の思いや感情に素直になること。そして、それが周りにとってもベストだと知ること**なんです。

自分のことを大切にすると、世界はあなたの味方をしてくれるようになります。たくさんの愛とサポートであなたを守ってくれます。

わがままになるって、すごく難しいことをするわけではありません。日々の生活の中でこれまで我慢していた、自分の思いを優先していくだけです。

たとえば、「今何を食べたい?」というような日常のことから、自分ができないことを周りに伝えるというような気の重いことまで。時には、周りから悪く言われることもありますが、時間がたてば、周りも私のわがままを理解して受け入れてくれるようになります。それも快く！

今では、驚くほどわがままな私ですが、わがままを言えば言うほど、周りも幸せになっています。それは、わがままを言うことで、自分のエネルギーが高まって、周りの人にもその高いエネルギーが伝染していくからです。

仕事が短期間で成功したのも、私のわがままを会社のスタッフがサポートしてくれることによって、自分がやりたい仕事に専念し、エネルギーを高く保てたからです。私の会社は〝楽しんで仕事をすること〟と、〝本当にやりたくないことはやらない〟をモットーにしています。そうすることで、スタッフもエネルギーが高く働けるようになるからです。会社全体のエネルギーが高いことで、奇跡みたいな出来事が次々と引き寄せられて、仕事もどんどん上手くいく結果となりました。

そして、わがままに生きていると、必ず周りの大切さが身にしみます。一人でできることなんて本当にわずかだったと気づいたら、頼っていいんだ、一人で力まなくてもいいんだと思えて人生は安心感に包まれ、感謝の気持ちが湧いてきます。感謝の気持ちを持ち続けることでさらにエネルギーは高まり豊かになっていく……。最終的には世界中のみんなが、自分のわがままに従って、お互いに支え合いながら生きることができたらいいなぁと思います。

この本には、これまでの私の体験や考え方、そして周りの人の変化からわかった、人生を望み通りに上手くいかせる方法を、私なりに書き記しています。

全てはエネルギー！　とはいえ、実践する場所はこの現実ですから、具体的に論理的に、伝えられるように心がけました。くれぐれも怪しい友達にならないように（笑）。読んでくださるみなさんが、少しでもエネルギーが高くなり、自分を信じられるようになったり、毎日が楽しくなったりしてくれたら本当に嬉しいです。

私は信じています。今みなさんが、どんな問題を抱えていても大丈夫だということを。私というエネルギーが、あなたの絶対的な味方になります。そして、「あなたなら絶対、大丈夫！」って何度でも伝えます。

だって、私たちは同じエネルギーなのですから。

全てはエネルギー、全ては愛。そして全ては一つです。一人じゃない。

それじゃあ、今から一緒に、ガールズトークを始めましょう！

残念ながら、これは本なので私の話ばかりなんですけど（笑）、最後までお付き合いくださると嬉しいです。

向井ゆき

もくじ

はじめに 001

第1章 私の世界は、エネルギーでできている

01 世界は全部エネルギーだった 016
02 私たちの体もエネルギー! 021
03 自分が一番でいい! わがままでも愛される人になる 025
04 今見えていない世界に理想の世界はある 030
05 引き寄せは誰にでも100%起こっている 034
06 考え方次第で人生の質は高まる 040
07 馬鹿ポジティブでいい 043
08 今の自分を否定したままでは上手くいかない 048
09 エネルギーの高め方 053
10 人生って実は決まっている! 058

第2章

だめな自分を愛せば、全て上手くいく

01 — しょぼい自分を直したいのはなぜ？ 064
02 — しょぼい自分でも親から愛されたい 068
03 — 周りと比べて落ち込んでいない？ 072
04 — しょぼいところに人は魅了される 076
05 — しょぼいことがバレたくない人の対処法 080
06 — 嫉妬して、自分を嫌いになっていない？ 083
07 — 思い込みを外して、夢を叶える自分になる 088
08 — しょぼい自分を許せば、周りからも許される 091

第3章 わがままで、自分軸の恋愛だけをする

01 「一生愛され続けます」宣言をしよう！ 098
02 モテるのは簡単、愛されるのは難しい 103
03 「幸せにしてほしい女」は幸せになれない 107
04 一切妥協しないで恋愛をする 111
05 理想の相手と出会うエネルギーの高め方 116
06 自分よりレベルが高い人を落とすには？ 121
07 「好き」を連発しても、重い女になるわけではない 125
08 結婚がゴールなんて幻想である 128
09 パートナーと豊かになる！ 132
10 執着しない女になる 136
11 できる女性ほど、たくさん甘えよう 140

12 どんなに好きになっても相手より自分を優先する 142

第4章

夢を叶えるには〝マインド〟から変える

01 マインドを変えて、エネルギーレベルから理想の自分になる 148
02 シンクロに気づこう 153
03 現実化を速める方法 158
04 夢へのプロセスを楽しめなければ本末転倒 160
05 不安になる、ためるは危険 164
06 夢はストイックに追いかける！ 169
07 出会いもトラブルもエネルギー次第で変わる 172
08 絶対に絶対に成功したい？ 176

第5章

好きなものは、最短で手に入れる

01 願うだけで叶うなんて、ありえない！ 180
02 最速で成功したいなら、最速で失敗しよう 183
03 ブレさせるものは、私の世界から即排除する 187
04 新しい自分になるために不快と戦おう！ 190
05 早く決断して、早く成功する 193
06 周りから浮くのは、ステージが変わる時 197

第6章

わがままに生きれば豊かになる

01 今〝豊かだ〟と感じるだけで豊かになる理由 202

02 受け取る豊かさを勝手に制限していない？ 206
03 「人間、お金じゃない！」って、お金のない人のセリフです 209
04 受け取れる豊かさは自分のキャパ分だけ 213
05 与えることで、豊かさは拡大する 218
06 玉の輿《こし》に乗れる女と乗れない女の違い 221
07 無駄なものを所有していると、新しいエネルギーは受け取れない 225
08 お金に綺麗も汚いもない 229
09 楽しく豊かになるステージが来た！ 234
10 周りに豊かさを与えた分、自分も豊かになる 236
11 自分の豊かさを周りに押しつけていない？ 239
12 「幸せ」と「成功」を混同させない 242
13 わがままに生きれば、勝手に豊かになっていく 245

おわりに 251

編集協力　ＲＩＫＡ（チア・アップ）
本文デザイン　小口翔平＋三森健太（tobufune）
本文ＤＴＰ　フォレスト

第1章

私の世界は、エネルギーでできている

01

世界は全部エネルギーだった

昔から、〝引き寄せの法則〟とか〝思考は現実化する〟とか、自己啓発の考え方とかが大好きだった。だけどその理屈が明確でないように感じて、信じる気持ち半分・信じない気持ち半分で。ただ、実際に法則を取り入れて成功している人を見ると「いいな、自分も」と思って、疑いつつも諦めずに実践し、検証してきた。何度も何度も。そうしたら、**だんだんと願いが叶って、〝この世界は全部エネルギーなんだ〟って腑《ふ》に落ちるような出来事が起きた。**そこから私の人生は、完璧に自分のものとなったんだ……。

最初に実験してみたのは、〝自分の欲しいものは本当に手に入るのか？〟ということ。引き寄せの法則の本に書いてあるみたいに、毎日〝ワクワク〟と〝感謝〟と〝自分を大切にし愛すること〟で、どんな変化があるのかやってみた。

最初は慣れなくて、自分を大切にするってどういうことかわからなかった。「大切にします」って言えばいいの？なんて、思っていたんだけど（笑）、今ならわかる。自分を大切にするって〝自分の感情に素直になること〟。つまり、わがままになることなんだよね。周りには、わがままと怒られそうなことでも、自分の感情に素直になって行動するの。それを続けていくうちに本当に面白い現象が起き始めた。物質的なことでいうと、欲しかったバッグが手に入って、住みたかった家に引っ越せるようになって、当時結婚していたパートナーの収入もどんどん上がっていった。本当に引き寄せってあるんだ！ってワクワクして、もっと毎日に感謝できるようになったんだよね。

よく本に書かれている、〝欲しいものを引き寄せるには感謝することが先〟っていうのも、今でこそ「その通り！」って思うけど、最初は意味がよくわからなかった。大して恵まれた環境じゃないのに、何に感謝しろっていうの……と思ったりした。

でも、実験のつもりで無理やり感謝するようにしてみた（当時の日記を読み返すと〝空気に感謝します〟とか〝家族の健康に感謝します〟とか書いてあって、必死に感謝することを探していた）。1日10個、何かしら感謝できることを日記に書いていたのだけど、半信半疑で行なっていたことが、今考えると無駄ではなかったとわかる。私は、この時に〝ポジティブシンキング〟を身につけていたんだよね。

なぜポジティブシンキングが重要なのか？　その理由にこそ、エネルギーが関係している。あとで詳しく説明するけど、自分のエネルギーレベル（勝手にレベル化してみた）と同じレベルの現実を私たちは引き寄せている。だから自分のエネルギーが100だと、100にふさわしい現象が起きて、自分のエネルギーが10だと、10にふさわしい現象が起きるの。

そしてこれは確信しているんだけど、**エネルギーレベルが高いほうが愛のエネルギーに近く**（愛のエネルギーってなんだよって思うかもしれないけど）、**豊かな生活になる。**

ここでいう〝豊か〟とは、お金のことだけではなく、精神的にも満たされた状態のこと。望みがどんどん叶うのは、やっぱりエネルギーが高い状態の時なんだよね。

ポジティブになれば嫌なことを問題視しなくなる

ポジティブでいると、落ち込むことが減り、自己否定もしなくなり、毎日ワクワクすることが増える。いや、正しくいうと増えたように感じる。

昔は、自然現象である〝雨〟にもイラっとしていた私。「雨イヤだな〜。お気に入りの服が濡れるよ〜」なんて言っていたのに、今は雨でも台風でも気にしない。それどころか、「人が少ないから雨もいいね！」なんて言える自分になっている。周りの現実は変わらなくても、自分の考え方が変われば気持ちをコントロールできて自分のエネルギーも変わる。

私は、今でこそポジティブな思考だけど、先天的ポジティブではなくて後天的にポジティブを身につけた。昔は、周りのポジティブな人に対して「なんて楽観的なんだ！」って思っていた時期もあったくらいネガティブだった（苦笑）。

自分がダメダメだったからこそ、今多くの人に「ポジティブってこうやってつくっていくんだよ〜」って伝えられる。みんながぶつかる壁は、私が乗り越えた壁だし、みんなが諦めるポイントは私も諦めかけたポイントと似ていると思う。

ここまでの道は平坦ではなかったけど、平坦ではなかったからこそ、カウンセリングをはじめとする仕事を通じて、今こうやって多くの人の役に立っているから、人生やっぱり上手くできているなって思う。**エネルギーのことを知って、本気で**（全身全霊ね！）**自分を高めていけば、確実に人生は変わる。**それはもう力強く断言できるよ！

そんなことを言うと、よく質問される。「エネルギーを高くしていると、嫌なことはなくなりますか？」って。答えはＮＯ！だ。嫌なこともじゃんじゃん起こる（笑）。だけど、起きたとしても一瞬でポジティブに解釈し、問題視しないようになるから、そういった意味では嫌なことは減るかもしれないね。

今の私は、大好きな仲間と大好きな仕事と大好きなものに囲まれて、毎日申し訳ないくらい幸せ。欲しいものはほとんど手に入ったし、毎日神様ありがとう！って思って過ごしてる。そして、自分が大好きすぎて、これまた感謝してる……自分に（笑）。

こんなふうになれたのも、ポジティブシンキングを身につけ、いつでもエネルギーを意識して生活しているから。**この世界は全部エネルギーでできていて、世界を変えるのは自分だってわかっている**から怖くない。起きるべきことは起きるよ。だから、あがいても否定しても意味はなくて、もっと豊かな人生にするために私たちにできることは、今この瞬間を楽しむことだけ。

02 私たちの体もエネルギー！

私たちの体や、身の回りにあふれるもの、そして宇宙、全てはエネルギーであるということを、信じない人も多いと思う。というか、そんなことを聞いたことすらない人が多いよね？ **私は常に、自分も世界も全部エネルギーだと思って過ごしているの。**

〝自分も〟っていうのは、〝自分の肉体も思考も〟という意味で、〝世界も〟っていうのは、目の前に見える人も動物も植物も物も宇宙も全部！のこと。

どういうことかというと、みんなは〝素粒子〟って聞いたことはあるかな？ 素粒子は、物質の最小単位のこと。私たちの体は、細かく分解すると原子になるよね。中学生の時に原子記号って覚えたと思うけど（私は全部はとても覚えられなかったけど）、その原子を限界まで小さく分解したのが素粒子なの。

人間も限界まで分解すれば素粒子になるし、物質も限界まで分解すれば素粒子。だから、**宇宙も地球も、その他の物質も、突き詰めたら素粒子**だってこと。

ここまではおーけー?(笑)

そして、ここからが面白いのだけど、素粒子は、二面性を持つの。一つは、私たちが見ることのできる〝物質〟の一面。そして、もう一つは目で確認できない〝エネルギー〟の一面があるということ。

でも、目に見えていないものなんて私たちの周りにあふれているでしょ? スマホや電子レンジの電磁波。あとは超音波とかもそうだよね。酸素なんて生まれてからずっと隣り(どころか体の周り全て)にあるはずなのに絶対見えないし。見えないけど存在しているものって無限にあるの。むしろ見えているもののほうが少ない。それらも全てエネルギーだし、私たちはいつもエネルギーの中で暮らしている。

エネルギーは科学だから、調べたらいくらでも詳しい情報がわかる。でも、私は専門的な化学式なんて知らなくていいと思っていて……。ただ絶対に忘れてはいけないことは、**目に見えているものだけが世界の全てではない**ってことだよ。目に見えないエネルギーが私たちの周りにはたくさんあって、まだ見えていない自分自身の可能性もたくさんあるってことだけ知っておけば十分だと思う。

嫌いな人と自分の振動数は一緒⁉

そしてね、**エネルギーって振動数のこと**なんだ。心音や超音波をイメージするとわかりやすいと思う。世界の全ては波みたいに振動していて、この振動数が同じもの同士が引き寄せ合うの。だからラジオみたいに、自分の周波数が変われば、引き寄せるエネルギーの周波数も変わるという仕組み。

よくね、類は友を呼ぶっていうでしょ？　似ている人同士は自然と集まることをいうのだけど、その人たちってエネルギーの周波数が似ているということなんだ。引き寄せ合うのは当然だよね。

私がこの話をすると、多くの人が嫌いな人を思い浮かべて、「あんな人と私は一緒のエネルギーなんですか⁉」って怒ったりする。でも……残念ですが一緒ですね。どんまいです（笑）。

エネルギーが似ることに、嫌いとか好きとかは関係ないの。すごくシンプルに「エネルギーの周波数が同じだと引き合う」、ただそれだけだよ。

今みんなの周りには、どんな世界が広がっているかな？　それは全てあなたのエネルギーに引き寄せられているものたちだよ。自分が「イヤだ！」と思っても、現実は変わらないんだから、否定せずに見つめてみて。

大丈夫！　必ず未来は変えられるから。

03 自分が一番でいい！ わがままでも愛される人になる

わがままを言うことが良くないことだと思っている人もいる。でも私からすると、わがままを言うことでしか本当の幸せは得られないとすら思うの。

わがままを言ってはいけないとみんなが思い込んでいるのって、〝自分の思いを優先すると周りに迷惑をかける〟という思い込みがあるからだよね。でも、本当にそうなんだろうか？　もちろん相手に影響を与えることもあるけれど、影響は、わがままでなくても与えてしまうんじゃない？　良かれと思ってやったことが誤解されてしまい、悪い展開になったこともあるはず。

それにわがままって、悪気があって行なうことではないのだから、ちゃんと説明すれば理解してもらえると思うんだよね。〝理解してもらおう〟という選択肢を消して、わがままを禁止するのは損していると思う。もしかしたら、相手からすると「そんなことわがままではないよ！」って受け入れてもらえるかもしれない。もしダメでも落ち込む必要はなくって、今まで言えなかったことを言えた自分を褒めてあげよう。**自分のことを大切にしていたら、周りも自分を大切にしてくれるようになる。これは法則みたいなもので絶対。**逆に自分を大事にできない人は、周りからも大事にされない。だから、自分を優先することは周りからも優先されるために必要不可欠なの。自分を優先するためには、時にはわがままを言うことも必要になってくる。

私はすごくわがまま。我は強いし、思ったことはすぐ口にするし、結構大変な性格。でもわがままだからといって、誰かに怒られたり嫌われたりしたことはあまりない。周りも私のわがままを知って〝仕方ない〟といった感じだし、それどころか、裏表のない性格だと褒めてくれる人もいる（笑）。しかも私は、わがままを言うことによって私のことを嫌いだという人とは仲良くしたくないと思っていて。一緒にいる時に、自分らしくいられないような人はこちらから距離を置きたい。

そうやって自分を変えないで貫いていたら、わがままを受け入れてくれる人にしか囲まれなくなるよね。たとえ離れていく人がいても、また新たな出会いがあるから心配しなくていいんだよ。

ただね、私のように「一人でもいい〜」っていう強いタイプの人ばかりではないから、わがままを言えなくて苦しんでいる人のためにアドバイスしたいと思う。

まずね、わがままを言うことや自分を一番優先することに罪悪感を持たないこと。

罪悪感ってさ、モヤモヤするでしょ？　そのエネルギーは良くないし、それに自分が罪悪感を持っていると、攻撃してくる人も出てくる。「わがまま言うのやめなよ」とか、「性格直したほうがいい」とかね。自分が罪の意識を持っているものだから、罰してくる人が現れるわけですよ。

しかも多くの人は、自分を否定する人とでも一緒にいたいと思ってしまう。「性格変えたほうがいい」なんてことを言う人とも、仲良くしようとする。

それって、その相手は本当にあなたのことを大事にしてくれているのだろうか？

私は友達でも家族でも恋人でも〝性格を変える＝その人である意味がない〟と思っているのね。だからありのままの自分を受け入れてくれない人とは一緒にいなくていいと思う。相手を受け入れるって短所もセットで受け入れることだと思うな。

みんな想像以上に愛されている

わがままを言いすぎると、みんなから嫌われるんじゃないかな？っていう恐怖も出てくるよね。でも実は案外大丈夫！　みんなは自分で思っている以上に愛されているから。

条件つきのわがままではなく、どんなレベルのわがままであっても関係なく愛される存在なのね。小さなわがままは許されて、大きなわがままは許されないっていうのも、自分がわがままの限度を決めているだけ！　**私はどんなわがままであっても伝えるようにしている。**なぜなら、わがままを聞いてもらうと自分が楽になったり、助かったりするから、相手の心の広さに感謝の気持ちが湧いてくる。結果的に今度は自分も人のために行動しようと思えるようになるんだよね。

もしね、わがままを言うことがとても〝怖い〞と感じる人がいたら、まずは、小さなわがままで試してみるのもあり。今まで大変だったけど人に頼めずにやきもきしていたこととか、本当は嫌だったけど、口にするとわがままって思われるかな？と思っていたこととか。そういう小さいわがままから言えるようになるといいね。

周りの反応を見て、わがままになるかどうか決めるのはダメよ（笑）。迷惑をかけないで生きている人はいない。「むしろわがままを言われたい！」っていう人もいるんだから。私の周りにはそういう人が多い。

自分がわがままにならないと見えない世界もあるってことだね。

04 今見えていない世界に理想の世界はある

多くの人が「目の前にある現実が全て」と思っていることに驚く。**私たち人間は脳の仕組みから、実は世界のほとんどが見えていない**の。無限に広がる目の前の情報から、自分にとって重要度の高いものだけを選んで見ている。脳には情報を取捨選択する機能があって、拾う情報と、捨てる情報を仕分けしているのね。

どういった情報を拾っているかというと……、

・命に関係するようなこと
・今、興味や関心があること
・自覚はないけど無意識に考えてしまっていること
・これまでの記憶

など。要するに、これら以外の情報はほとんど見えていないの。たとえば……みんなは、いつも通る通学路や、通勤の道にどんな店があるか全て思い出せる？

過去に行ったことがある店や、興味のある店、目立つ店などは思い出せるかもしれない。でも、そうではない店、興味がない店は思い出すことが難しいんじゃないかな？　毎日見ていると〝思っている〟景色でも、よくよく改めて見てみると、見ていなかったことがたくさんあると思うよ。

ここでちょっと試してほしいことがある。今すぐ、毎日見ているスマホ画面を思い出してみよう。どんな待ち受け画面で、どんな時計のデザインで、どんなアイコンがあるか覚えている？

私はこの実験をした時、全然思い出せなかった。自分で設定した待ち受け画面さえも忘れていたよ。毎日見ているものでも、改めて問われると、ちゃんと見ていなかったことに気づくよね。それは、脳が情報を拾っていないから。この世界は情報であふれかえっているので、自分にとって必要のない情報まで拾っていたら頭が混乱してしまう。だから、脳はその中から必要なものを選んで認識しているんだよ。

見えていないものに大きな可能性が詰まっている

私は昔からずっと、**見えているものは世界の小さな一部にしか過ぎず、見えていないものに大きな可能性があると信じていた。**現実に疲れてしまったら、この考え方を思い出すの。まだ見えない未来を心の底から信じて行動できるのも、それが理由かもしれない。

そしてね、それは物や景色だけではなく、人に対しても同じことが当てはまる。ずっと一緒にいる相手でも、まだ見えていない部分がたくさんある。

たとえば、昨日は不機嫌だった人も、今日はとっても良い人かもしれないのね。でも、ほとんどの人は一度か二度、相手が不機嫌になっているところを見たら〝あの人は不機嫌な人だ〟と決めつけてしまう。本当に不機嫌だったのは最初に会った時だけなのに、その後もずっと不機嫌に見えるポイントを探して、その人を〝不機嫌な人〟につくり上げてしまうんだよね。

あと、よくあるのが〝自分は嫌われている〟と思い込んで、落ち込んでしまうパターン。嫌われていると思い込んでいると、相手の少しそっけない態度も〝ほらね、やっぱり嫌われているんだ〟と思ってしまって、自分が嫌われている理由をさらに集めてしまう。その結果、本当に嫌われたりして……。

目の前の現実だけが全てではないし、人は自分の好きなように世界を見ている。あなたの脳はどんな情報をキャッチしている？　あなたも私も、今広がっている世界のほとんどがまだ見えていないんだよ。

05 引き寄せは誰にでも100%起こっている

引き寄せられない人はこの世界に存在しない。というか今の現実は、すでに引き寄せた結果です！　だけど「こんな現実、引き寄せてない！」って思う人もいると思うのね。実は私も過去、そう思っていた一人。

20代前半の頃、現実が自分の思うように上手くいかなくて、描いていた夢もその時の現実からはほど遠くて、さらには友達もいなくて、仕事の結果も出ない時があった。「頑張れば夢は叶う！」という思いだけは強くて、空回りしてばかりだった。

私は完璧主義で、こう見えて真面目。ズルしたり、サボったりできない性格だったから誰かが見ていなくても一生懸命働いていたの。風邪をひいても出社していたし、遅刻もほとんどなし。自分の役割じゃない仕事でも同僚が困っていたら、遅くまで残って手伝ったりした。当時は休み方や手の抜き方を知らなくて（そもそも、その選択肢があることも知らなかったレベル）、自分の限界がわからないまま働いていたの。その結果、仕事中に倒れて、そのまま救急車で病院に運ばれたら、39度超えの高熱だった！なんてことが何回かあった。

自分は、神様から見ても真面目に生きているっていう自信があったからこそ、現実と理想とのギャップに苦しんだよね。「あれ？　頑張ったら夢は叶うんじゃないの？」って思った。

頑張っても報われない毎日の中で、「今の現実は自分自身が引き寄せています」なんて言われても納得いくはずがないよね。良い行ないをして、頑張っているのに、「どうして？」って思うでしょ？　普通は……。

だから、もし今「引き寄せなんてない」って思って、私の話に納得がいかない人がいても、その気持ちはわかるよ。わかるんだけど～（笑）、やっぱり今の現実は自分が引き寄せているんだよね。多くの人は、良い行ないをすれば良いことが起きるって思っているかもしれないけど、必ずしもそうではないんだよ。

行動が良いかどうかではなく、その時の感情はどうかによって、引き寄せるものが

決まってくる。これが〝同じエネルギーは引き合う〟というエネルギーの法則。良い行ないだって憂鬱な気持ちでやれば、その憂鬱な気持ちと同じエネルギーレベルの現実を引き寄せるし、悪い行ないだって、めちゃくちゃ楽しくやれば、楽しいエネルギーを引き寄せるんだよね。

もちろん限度はあるよ。でも理屈ではそうなる。そもそも、良い悪いの判断って文化や習慣によって違うし、人によっても変わるよね？　そんな環境や個人によって差が出る引き寄せなんて当てにならない（笑）。

そうではなく、**エネルギーっていう超正確なものによって、引き寄せは働いているんだよ。**引き寄せが上手くいかなかった過去の私は、行動ばかりにとらわれて、わがままになれなかった。自分の気持ちがワクワクするかどうかなんて気にしてもいなかったし、それどころか根性論全開！

苦しみを乗り越えたらきっと良いことが起こるって信じてた。だからつらくても我慢できたんだよね。結果的には、その苦しみと同じエネルギーレベルの現実を引き寄せていたっていうオチだったけど……。

頑張ったら未来が明るくなるわけじゃない

過去の私と同じ気持ちの人はきっと多いはず。私たちって頑張ることや、苦しいことに対して美学を持っているよね。頑張っている人を正しいとする節もあると思う。だから、ついつい自分も頑張ることを選びがち。そうすればきっと報われるし、周りからも評価されるって心のどこかで思っちゃってるからね。

もちろん、頑張ることがダメなんじゃないよ。でも頑張ったら未来は明るいっていう思い込みからは、解き放たれたほうがいい。そう思っていたら〝楽をすること〟が苦しくなっちゃうからね。頑張らないと怖いことが起きるような気にさえなってしまう。過去の私がそうだったように、誰よりも真面目に生きていたって、自由でわがまま放題生きている人の方が、良いことが起きたりするんだよ。

実際にそういう人、近くにいないかな？　わがままでゆるゆるなのに世渡りが上手な人……。

すごくシンプルに、今の自分のエネルギーと同じ周波数のエネルギーがあなたの現実をつくっているだけなの。だからもし**理想と今の現実が異なるのなら、あなた自身のエネルギーが理想の世界のエネルギーと違う**んだよね。実際に、〝今の現実が上手くいかない〟と思っていて、本当に現実が上手くいっていないなら、引き寄せ合っているともいえるでしょ？ 考えている通りになってる。

頑張っても報われる人、報われない人がいるのは、エネルギーが理想の世界と一致しているかどうかの違いなの。だから楽をしていても、楽しんでいてもエネルギーが理想の自分と一致すれば夢は叶うよ。

私はストイックだけど、あくまで楽しんでいることがベースにある。だから、努力が続いているし上手くいっている。そんな私の行動だけを見て「やっぱり頑張ることが正しいんだね」って思わないでほしい。

引き寄せっていうのは、思ったことが〝ピンポイント〟にやって来ることだと思っている人もいるかもしれないけど、それはね、自分のエネルギーと欲しいもののエネルギーがピンポイントに一致したら……の話。だって無限にある周波数の中で、自分の周波数と一致する現実を引き寄せるということは、すごく低い確率でしょ?

私たちだって変化している生き物で、その時々でエネルギーレベルは変わっている。引き寄せられてラッキーだったくらいにとらえてちょうど良い。

「絶対に引き寄せなくちゃ〜〜!!!」って執着心バリバリの時のエネルギーって、絶対高くないよね?

引き寄せ迷子になっている人は、自分の感情に目を向けてみてね。そうすれば、今よりきっとエネルギーの高い未来が引き寄せられるから。

06 考え方次第で人生の質は高まる

考え方が変わると人生の質は驚くほど変わる。むしろ、考え方を変えないと人生の質は変わらないどころか下がっていく一方。**なんでこんなに考え方を重要視しているかというと、考え方によって感情はコロコロ変わるから。**その感情によって自分のエネルギーレベルは変わって、自分のエネルギーレベルによって引き寄せるものも変わって、最後は人生の質さえも変わるのね。

人間って1日に6万回以上思考しているといわれているんだけど、もし、その6万回がネガティブな思考だったとしたらね、いつも、そのネガティブな感情と同じ低いレベルのエネルギーを引き寄せているってことだよ（怖い！）。

しかも思考ってほとんど無意識だから。それはもうなんていうか、無意識に悪い出来事を引き寄せているのと一緒！（怖い怖い！）。ネガティブな人って現実のとらえ方もネガティブだからすぐに不快になるし、そこからさらに低いエネルギーを引き寄せるからまたネガティブになるし、そしてまた低いエネルギーを引き寄せるし……って完全に負のスパイラルになっている可能性が高いんだよね。で、やっぱりこの理論が断言できるのも実体験と、カウンセリングで多くの生徒を見てきたから。

さっき「私は後天的ポジティブ」っていう話をしたけれど、昔はネガティブだった。悲観的だし、すぐ人のせいにするし、うらやましいとか嫉妬とか、負の感情がいっぱいの女だった。関心が〝他人〟に向いていて、「あの人こうだったらしいよ」とか「あの人こんなこと言ってたよ」とか、そういうことばかりが話題で。その時の私のエネルギーは、すっごく低かったと思う。どんなに良い行ないをしても、肝心の自分自身が低いエネルギーだったら本当に意味がないよね。

今の私は、噂話やネガティブなことを言う人がいたら、高速で離れる。「そのエネルギーうつさないで!」って思うから。最近では、思っているだけにとどまらず、もはや口に出している（笑）。「ネガティブなこと聞きたくない!」「人のこととかどうでも良くない?」とかね。そうしたら周りも私の前では噂話やネガティブな話はしないようになったよ。私は、そういう人たち全てを否定したいんじゃなくて、自分自身をエネルギーの高い状態にしておきたいだけだからね。

人生が上手くいかないと感じる人の多くが、ネガティブな思考を選んで自分自身を低いエネルギーレベルにしてしまっていると思う。

自分の思考がポジティブに傾いているのか、ネガティブに傾いているのかは、周りを見て判断するといいね。自分と近い人の多くがポジティブだったら、多分あなたもポジティブです。近い人の多くがネガティブだったら、多分あなたもネガティブ。

身近な人というのは、自分とエネルギーレベルが似ていて、考え方も似ているから自分を知るのにちょうどいいと思う。

エネルギーレベルが一緒だから思考が似てくるのか、思考が似てるからエネルギーレベルが一緒になるのか、どっちが先かはわからないけれど、今すぐコントロールできるのは自分の思考でしょ？　だから、現実を見て、自分が今どのくらいポジティブなのかを考えてみるといいと思うよ。

07 馬鹿ポジティブでいい

今の私は、いろんな人に「ポジティブだね〜」って言われる。会って5分くらいで「前向きで良いですね！」って言われたこともある（笑）。

感情によって自分のエネルギーが変わるから、私はその**感情のささいなエネルギーにも敏感になって、常に自分の考えていることに気をつけているよ**。ポジティブじゃなくなってきたら、考え方を変えて、意識的にエネルギーを高くキープできるようにしている。

エネルギーレベルというのは、細かく分けることができるんだよね。たとえば、ちょっとワクワクするのと、すっごくワクワクする、この2つは同じワクワクなんだけど、エネルギーの周波数が違う。すっごくワクワクする方がエネルギー的には高いといえる。

あと、悲しいっていう感情も同じ。少し悲しいのと苦しくなるくらいすっごく悲しいのとでは周波数が違うの。どうせなら、高いエネルギーを引き寄せたいよね？　そしたらやっぱり、エネルギーが高くなるような思考を選びたいところ。だから私はただのポジティブではなく、馬鹿ポジティブを目指してる（笑）。

　馬鹿ポジティブっていうのは高いエネルギーを引き寄せる考え方のことね。同じ現実が起きても、とらえ方次第で起こる感情は変わるから、**その感情を最高に前向きな考え方にすること（しかも瞬時に）が馬鹿ポジティブのゴール！**　実はこれが案外思いつかなくて難しい。感情的になればなるほど、視野が狭くなって〝こうでなくてはならない〟という思いが強くなるから。

　たとえばね、長年付き合っていた大好きな彼にフラれたとするでしょ。あなたは悲しみの絶頂で、もうお先真っ暗！みたいな感情になった時、「大丈夫、次はもっと素敵な人と出会えるよ！　ワクワクするね！」なんて言われても、「うん、そうだね！」なんて言えなかったりするよね。どうしても〝彼じゃないとダメ〟って落ち込むでしょ。私でさえ3日は落ち込むよ、多分。こういう大きな感情にのみ込まれてしまった時こそ、意識して馬鹿ポジティブを発揮していくの。ワクワクまではいかなくても、できるだけエネルギーが高まるような考え方を探すのね。

「フラれても自分の価値が下がるわけじゃない」でもいいし、「あの人とはご縁がなかっただけ」でもいいし、「また時間をかけて彼と話し合おう」でもいい。その時の自分のエネルギーができるだけ高くなるような感情が生まれる考え方であれば効果はあるよ。

私が彼にフラれたら、「彼と一緒にいることで経験するべきことがなくなったんだな。彼よ、ありがとう。はい次！　次はどんな人にしよう？」って思うなぁ。めちゃくちゃポジティブ（笑）。次の相手はどんな人にしよう？って考えるとワクワクするんだよね。だからフラれて一瞬「ショック！」と思ったとしても、「次は？」って思考を変えるだけで、今まで通りのエネルギーレベル（もしくはそれ以上）に戻れてしまう。

単純な性格なわけではないよ。**今まで何年も自分を内観してきて、〝向井ゆきは何にワクワクして、何に喜ぶんだろう？〟って研究してきたから、今すす〜っと思考を変えられる**だけ。

誰でも自分を研究したらできることだから！　そのためのこの本！（笑）

小さなポジティブを選び続ける

あとね、大きな感情の揺れだけじゃなく、日頃の小さなプチイライラやプチ悲しいも、できるだけ減らせるように考え方を変えていくことが大事。ちりも積もれば山となる、ではないけれど、小さなネガティブを繰り返すことで大きなネガティブを引き寄せてしまう結果になるんだよね。

それは、毎日コツコツとネガティブへの小さな一歩を進めている感じ。たとえ一歩は小さくても繰り返していくと、いつのまにかかなりの距離を進んでいるよね？　それと同じで、毎日少しずつネガティブなとらえ方をしていると、そちらに進んでしまうの。

昔の知り合いにね、ことあるごとにイライラしてる人がいた。ここではわかりやすいように〝イライラマン〟と名づけるよ。イライラマンは、電車の遅延にプチイライラ、失礼な人にプチイライラ、自分のスケジュールがずれ込んでプチイライラ……というふうにイライラすることに囲まれていて、本当に苦しそうだった。

イライラマンの口癖は「できない人ばっかり！」だったなぁ。確かにイライラマンはできる人で、仕事も速いし、頭も良いし、周りより突出したスキルを持っていたのね。だから余計に周りができないように見えただろうし、イライラしたと思うんだけど。それなりのポジションと給料をもらっていて、幸せなはずなのに、現実はいつもイライラしている大変そうな人になっていた。そして、誰かがポチッと触ってはいけないボタンを押したら、今にも張り裂けてしまいそうな感じがした（本当はすごく頑張っているからね）。

頑張っているのに報われない人ってこういう感じかもしれないね。

最初から馬鹿ポジティブを目指さなくてもいいの。少し前向きになる思考から選んでいけばいい。**毎日の中で、少しずつ前向きな思考を選び続けてわがままになっていけば、自分のエネルギーレベルの平均は上がっていく**よ。ポジティブになれるかどうかが人生の分かれ道だから、繰り返し習得していくしかない。

実際私たちって心配も不安もいらない。エネルギーが高くても、起こることは起こる。トラブルが起きてもそれは成長するために必要な出来事だから、むしろウエルカム！　って、こう考えるところが馬鹿ポジティブって言われる原因だろうね（笑）。

08 今の自分を否定したままでは上手くいかない

今の自分がダメだから頑張る！という行動の動機には、気をつけないと危ない。自分を否定しながら行動しても、どこかで苦しくなるから。

エネルギーというのは、意識や時間やお金、そして感情などに注げば注ぐほど拡大していくけど、最初に抱いた感情が、「自分はダメだ」だったとするでしょ？　そして、ダメな自分を補うためにいろんな努力をするよね。でも、最初の感情の「自分はダメだ」にエネルギーを注ぐのだから、「自分はダメだ」っていう感情が拡大してしまうのね。

そして、どんなに努力しても「自分はダメだ」がぬぐいきれないし、それどころかもっともっと「自分はダメだ」って感じてしまうようになる。反対に、**「もっと良くなりたい」の場合は、そもそも「今の状態も良い」が前提としてある**と思うのね。だから「もっと」という感情はネガティブには当てはまらないの。そこにエネルギーを注いだとしても、前提にある「今の状態も良い」が拡大していくことになる。**「良い」が拡大していくとポジティブな結果を生むからどんどん行動してOK！**

自分の行動の動機が、ポジティブとネガティブのどちらかわからない人は、「今のままでもいい！」っていう言葉を口にしてみて、自分がどう思うかを判断したらいいと思う。「今のままでもいい」という言葉にモヤモヤと違和感を覚えたなら、ネガティブかもしれない。すんなり、「確かに今のままでもいいよね！」って思えるならそれはポジティブといえる。

もちろんこの質問で絶対的な判断ができるかといえばそうではないけど、簡単に確認できる方法として試してみて。この両者の違いだけで、努力が苦しいものになるのか、楽しいものになるのかが決まるのだから、とても大事。自己否定をしたまま走っても、どこまでも苦しいままだからね。

褒め言葉を受け取れないのは、自分を否定しているから

私は過去、スーパーダイエッターだったのだけど、それこそ「自分はダメ」の気持ちが強いまま努力していた。ジムに通って、食事も制限して、ストイックに頑張ったのね。でも、どれだけ痩せても納得がいかなくて、ダイエットをやめることができなかった。「もっと綺麗な人はいる」とか「周りは痩せている人ばかり」とか、周りと自分を比べて、落ち込んだりした。

しかも、どんなに頑張っても自分のことをかわいいと思えなかった。この時の私は完全にネガティブな動機で走っていたからね。だから、そのネガティブなエネルギーが拡大して、努力すればするほど、美しい人・スタイルの良い人と比較して苦しくなっていった。

上に行けば行くほどさらに上が見えるでしょ？　比較をやめない限り苦しいままなんだよね。自分に満足することはなくて、比較対象を変えながら、ずっと満たされない思いを感じ続けるの。

結局、私はダイエットを手放して、〝太っていても愛される自分づくり〟から始めた。スタイルが良くなったわけではないけれど、少しずつ自分を好きになることができた。今考えると、自分を否定していたことで〝選択肢がない状態〟に自分を追い込んでいたんだなぁと思う。今の自分がすごく嫌なわけだから、好きになるためには〝努力するか〟〝努力しないか〟という選択ではなくて、選択肢は〝努力するしかない！〟の一つだけ。そしたら逃げ道もなく、ずっと走り続けることになるから、精神的にとてもつらくなってしまう。まるで何かに追いかけられている状態だね。やめることができないって、行きすぎると強迫観念みたいになっちゃって、自分を壊してしまうんだよ……。

そういう人って真面目な人に多い気がするな。私も真面目だったから、一度決めたことは絶対にやり抜きたくてそれがダイエットへの執着につながってしまった。

長年ダイエットをしている人はダイエットをやめることができるかどうか、仕事を全然休めない人は、いったん休みを取ってどこかに遊びに行ったりできるかどうかを考えてみたらいい。**今の状態が欠けているから頑張る、になっていないか確認してから走り出そう。**

そしてね、**自己否定をしていると、やっぱりそれが投影して、いろんな人に否定される結果となる。**というか、褒められたとしても自分では納得がいっていないものだから、褒め言葉を受け取ることができないんだよね。褒められていたとしても気づいていなかったり、「どうせ社交辞令でしょう〜」と思ってしまう。褒め言葉は受け取れないのに、否定された言葉だけ受け止めて傷つくって、つらいことしかない（笑）。

私もね、一番痩せていた時でも「痩せてるよね」という言葉が受け取れなかったの。心の中では「どうせそんなこと思っていないくせに」なんて考えていたなぁ……。本当は、自分自身が思っていないだけなのにね！

自分を否定していると、ことごとく世界が生きにくくなってしまう。そして、悪い現実ばかりにフォーカスして、さらに自分のエネルギーレベルを下げてしまう。本当に上手くいかせたいなら、行動の動機を〝欠けている自分〞にしないことだよ。

09 エネルギーの高め方

エネルギーが大事だってことは、みんなもわかってくれたはず。そこで湧いてくる疑問は「どうやって自分自身のエネルギーを高めるの？」だと思う。この質問は、過去一番多くされた質問じゃないかなぁ？　むしろ、ここに興味を持たなかったら、どこに興味を持ってこの本を読んでるの!?という感じだけど(笑)。でも私はあっさりその期待を裏切ろうと思う。

エネルギーの高め方に、明確な「これしたらいいよ」はありません！　というかあるはずがないの。なぜかというと、どんな場面でどんな感情になって、どんなことをすればどんな感情が高まるのか？っていうのは人それぞれだから。

静かに一人の時間を楽しむことが好きな人もいれば、大勢の人と一緒にバーベキューやパーティーをするのが好きな人もいるよね。その人それぞれ感情が高まるポイントは違うのだから、私がこれだよって言うのはおかしな話なの。

私が教えられるのは、エネルギーを高めるための考え方。エネルギーを高める具体的な方法は、みんなが自分で考えないと見つけ出すことはできない。実際に今、みんなはどんな感情？　ワクワク？　ドキドキ？　それとも、憂鬱？　今感じてみて。ちなみに私は、今の状態は「中の上」……って私が一番ザックリ（笑）。でも**言葉にできないだけで自分の中では今の感情がどんな状態なのか、知っている**から大丈夫。他人に理解してもらう必要もないしね。

これができるようになるとね、〝YES〟〝NO〟がわかるようになって、自分軸が確立されていくよ。これまで、成功者の本や話を100％正解だと思っていた人も、自分に合うかどうかの判断ができるようになる。私も本が大好きだから、いろんな本を読むのね。1日に1冊は必ず読むのだけど、面白い本って、すごく影響を受けてその通りに行動したくなるでしょ？

それはもちろん、悪いことじゃないよね。新しい情報を入手しトライすることで、人生は色味を増すのだからどんどん行動してみたほうがいい。だけどね、それがすごくしんどくて、つらくて3日でやめちゃったとする。そうした時に、多くの人は「自分なんてダメだ」って思っちゃうけど、そうじゃないの。〝その方法が自分に合っていなかっただけ、以上！〟なんだよ。本に書かれていることはその筆者がやってみて、良いと思ったことで、たとえ科学的根拠の裏づけがあったとしても、100％正しいわけではないの。

本を出している成功者と、あなた。あなたの世界では、あなたのほうが正しいんだよ！　**あなたがYESと言えば、どれだけすごい人がNOと言ったとしても、YESの世界がつくられていく。**

情報を鵜呑みにしないで「自分には合うかな？」っていう視点を持てば、たとえその情報が自分にはできないことだったとしても、自分を否定することが少なくなるよね。

それに、もう一つ恩恵が。相手のことも「正解だね」って言えるようになること。自分が正しいかどうかは自分自身が決めるし、相手が正しいかどうかは相手自身が決めるの。だから相手が「こう思う！」って主張してきても「違うよ！　そんなことない」というふうにもめることなく、「そうだよね。あなたにとってはそれが正解だもんね」って受け入れられるようになる。

じゃあ、**どうやってエネルギーを高める方法を探していくかというと、ビビッときたことを全部やってみる**といいよね。失敗してもいいし、続かなくてもいい。やってみたら、楽しくなる可能性がゼロじゃないなら、行動する価値はあると思うな。

私はね、今は行動力がありすぎて自分でも落ち着かせることが大変なほどなんだけど、行動してみたからこそ、自分を深く知ることが早くできたのだと思う。途中でやめたことなんて、今続いていることよりたくさんあるよ（笑）。

ちなみに私のエネルギーが上がる行動は、

- 朝早く起きる
- 朝にランニングをする
- 音楽を聴きながら踊る
- サングラスを集める
- 本を読む（速読）

・物を捨てる
・肉を食べる
・フルーツを食べる
・仲間との打ち合わせ
・ホテルのスイートルームにこもる……etc.

みんなから見て「?」なものや、「きつそう」と思うものも多いかもしれない。私はこれらの行動を取ると、感情がワクワクしたり、落ち着いたりするんだ。でも、これらはあくまで私のこと。自分のエネルギーの高め方は自分で見つけることだよ。

10 人生って実は決まっている！

今から、恐ろしいほどスピリチュアルなことを言うね。恐ろしすぎて引くかもしれないけど、大丈夫！　あなたはきっと受け入れられる（笑）。

実はね、人生って決まっているの!!

私たちは、どういう人生を生きるのか、もう決めて生まれてきている。だからある意味、決められた道を進んでいるともいえるのね。

ここだけを受け取ると「絶望なんですけど！」と思う人もいるかもしれない。私はわりとスッと受け入れられたタイプなんだけど、今の現実が嫌であればあるほど、そう思ってしまう気持ちもわかる。でも大丈夫。**人生の大まかなシナリオは決まっているけど、エネルギーレベルに応じて人生の細かなストーリーを変えることができる。**

ざっくり説明すると、人は生まれてくる時にエネルギーレベルに応じたストーリーを経験する！って決めてくるの。それが上限100だとしたら、どうあがこうとレベル101の人生は経験できない。でも、1〜100のどのストーリーを選ぶかは今からでも自分で決められるし、それはこの本に書いているみたいに自分のエネルギー次第でコントロールできるんだよね。

だから、意識してエネルギーレベルを上げたら、今はエネルギーレベル10のストーリーを見ていたとしても、未来はエネルギーレベル20、30と他のストーリーを見ることもできる。つまりは、人生は決められているとも、決められていないともいえる。

そしてこれは私の勝手な解釈だけど、**ワクワクする未来って、この決められたストーリーの中に存在するもの**だと思うんだよね。だからこそ、「なりたい！」と思うし、ワクワクするのかなって。考えてもワクワクしない未来というのは、生まれてきた時に設定したストーリーの中にない未来なんじゃないのかな？　だから、自分の思いを叶えるためにもっとわがままになっていい！

この怪しい話を知ったからといって今の現実が大きく変わるわけじゃないけど、自分のワクワクに対してもっと信用できると思わない？　だってワクワクする未来は必ず存在する未来だともいえるんだから。

世界中の人はみんなくっついている！

そしてね、もう一つ怪しい話をするよ（まだあるのかーい、って思った？　笑）。それは〝私っていう人間はいないよね説〟。

私たち人間は、肉体レベルでは別々だから、自分一人で生きていると思ってしまうけど、エネルギーレベルでは本当はみんなくっついているの。

世界ってみんなくっついているんだよ。私たちの体もエネルギーだし、私と隣りの変な人（失礼）の間にも酸素というエネルギーがあるし、エネルギーレベルの話をすると、私と変な人はくっついているということ。そして、くっついているということは、お互いに影響を与え合っているということ。

そう考えたら、世界って全部くっついていて、世界の全員で影響を与え合っていることに気づくよね。

今、私はカフェでこの本の原稿を書いているのだけど、この現実があるのは、店員さんが寝坊せずに働いてくれているからだし、店員さんが寝坊しなかったのは、彼の優しいフィアンセが起こしてくれたからかもしれないし。そして、彼を起こせたのは、フィアンセがテレビの占いの結果に気分が良かったからかもしれない。そしてテレビで占いが流れたのは、テレビ局の人が一生懸命仕事しているからかも!!

大げさな気がするけど、こうやって自分が存在している理由をさまざまな角度から見ると、今起きている出来事全てに偶然はないとわかるよね。**みんなくっついているんだから、誰も欠けてはいけない。**やっぱり人生は全て完璧だ。

安心して夢をつくろう!

エネルギーは誰にでも平等に働く。
夢を叶えたかったら、
過去なんて無視して
今すぐわがままになるだけ！

今この瞬間の自分の
エネルギーを気にしてみる。
心地良いエネルギーになっているか
それとも心地悪いエネルギーに
なっているか……。
わがままになるって、周りよりも
心地良さを優先することだと思う。

第2章

だめな自分を愛せば、全て上手くいく

01 しょぼい自分を直したいのはなぜ？

第1章ではエネルギーレベルで人生は変わるって話をしてきたけど、エネルギーを格段に上げる秘訣って知ってる？

それは、自分を愛すること。**自分を愛するとエネルギーはぐんぐん上がる。**世の中的にも「自分を愛すること」が大事ってよくいわれているけど、それはエネルギーを上げることと同じだと思うんだよね。

じゃあ、**どうすれば自分を愛せるようになるのか？っていうと、しょぼい自分を受け入れる**の。たいていの人は、しょぼい自分をどうにか直したくて、一生懸命努力したりする。それって一見前向きな行動だけど、私からすると「その努力は本当に必要なの？」って思う。

だって、世界は全部くっついていて、一つのエネルギーなんだよ。できない部分は誰かに任せればいいだけ。なのに、素直に人に任せることができないから、しょぼい自分をどうにかしたくなってしまう。

それはなぜかと考えてみたのだけど、日本の教育も一つの原因かもしれないね（真面目なことを語ってみるよ）。協調性を大事にしている日本は、周りと一緒であることで評価されたりするよね。いつも先生の言うことを聞いて偉いとか、団体行動が得意なことは良いとか。集団から外れて好き勝手に行動していたら、「周りに迷惑をかけるでしょ！」なんて怒られたりする。

そんな中で育ったら、ごく自然と〝周りと一緒が良いこと〟〝欠けているところは直すべき〟というマインドが形成されていくと思う。だから、周りよりできない部分や同じではない自分に対して〝しょぼい〟と思うようになるんだよね。

でね、そのマインドのまま大人になると、会社や学校の中にいる時も同じ気持ちが働き続ける。自分だけ遅かったり、できなかったりすると、まるで〝ダメな子〟という烙印を押された気分になって落ち込むでしょ？　しょぼいと思われたくないから、多くの人は、自分ができないことをできるように努力したり、自分のしょぼいところを直すことに必死になったりするんじゃないかな？

みんなが感じる自分の〝しょぼいところ〟って、誰かと比較してそう感じているんだと思うんだよね。たとえば、私が超早起きをしていると、私に憧れている周りの子が「早起きできない自分はしょぼい」って言ったりするのね。それは私と比較して、しょぼい・しょぼくないを決めていると思うのだけど、私は、早起きできないからってしょぼいとは思わない。私も早起きに失敗する時があるし。そんな小さなことで、自分を責めないでほしいなぁって思うの。

周りの物差しなんか、関係ない！

そもそも、その比較をしているものも、時代によって、国によって、地域によって、友達によって変わったりするでしょ？　日本とアメリカでは当たり前の基準も全然違うように、今自分が持つしょぼいの基準も、相当当てにならないって知ってほしい。

周りが変わるから自分も変わるっていうのは、とても疲れると思うんだよね。周りに合わせるたびに自分を見失ってしまうし、どこかしら本音に嘘をつくことにもなるからエネルギーも落ちる。

良かれと思ってやっていたことが、マイナスになるなんてつらくないかな？　私はやっぱりどんな時でも、自分軸でいたいし、**誰かとの比較でしょぼい・しょぼくないを決めることはしたくない**って思うんだよね。あくまでも自分の物差しが基準。周りは参考程度にとどめておいて、最終判断は、自分の基準でしたいと思ってるよ。**周りからしょぼいと思われていても、関係ない。自分が良いと思えば、全ておーけー！**

私たちって本当に狭い世界で生きてる。広い世界を視野に入れたら、自分のしょぼさなんて気にならなくなるから。

自分を評価していいのは自分だけだよ！

02 しょぼい自分でも親から愛されたい

しょぼい自分がまだまだ許せなかった20代の頃の私。ダイエットのやりすぎでメンタルがボロボロになったことがキッカケで、しょぼい自分と強制的に向き合うことになった。

その頃は、メンタルも体もボロボロになってもなお「痩せたい！」と思っていたのだけど、なんでそんなに痩せることに執着しているのか、当時は自分でも〝謎〟だった。だけど、あまりにも執着が強いから、自分で心理学の本を読んで勉強したのね。ヒーリングとかカウンセリングとかいっぱい実践してみた。

そしてわかったことは、**「私は母から愛されたかった」**ってことだった。母から「かわいいね」って言われたくて、痩せること、かわいくいることに執着していたの。

私の母は、とても優しい人で、小さい頃から私のことをたっぷり愛してくれた。オシャレもさせてくれたし、どんな話でも聞いてくれたし、私の写真を「かわいいね」とケータイの待ち受け画面にしてくれたりして、自慢の娘だったと思う。

でも、大人になって社会に出て、自分よりかわいい子なんてごまんといることを知ったら、急に劣等感でいっぱいになって、自信が一気に砕け散ったの！　自分の居場所がないように感じ始めて、コンプレックスの塊みたいになった。

それはやっぱり、小さい時にかわいいことを評価されていたから、私の中で、「かわいい自分＝認めてもらえる」「かわいくない自分＝しょぼい」という謎の方程式が成り立っていたんだよね。

それに、母は私が太ることをすごく気にしていて、私が少しでも太ると「少し太ったんじゃない？」と言ってきたの。母は何気なく言っていたと思うのだけど、私はその言葉に、他の誰から言われるどんな言葉よりも傷ついた。やっぱり自分の母親だもん。母から「かわいいね」「自慢の娘だよ」と言われたいって、無意識に思っていたんだよね。だからこそ、痩せることに固執して、母が思っているであろう〝しょぼい人〟にならないようにしていたのだと思う。

親から受け継いだ〝しょぼいの基準〟って、みんな大人になっても持ち続けているもの。自分では無意識に親と同じ考え方で世界を見ていたりするの。

だから、もし**自分がどんな思い込みを持っているのかを知りたい時は、親や家族が、何に対して〝しょぼい〟〝悪い〟って思っているかを観察してみたらいい**と思う。私も、家族を通していろんな思い込みや、限界が見つかったから。

太っていても太っていなくても、周りから愛されている！

私のメンタルはね、ダイエットへのストレスに耐えられなくて親に全部吐き出したことで回復に向かった。意を決して母に言ったの。

「太ったしょぼい自分でも愛してほしいと思ってた。お母さんから太ったって言われるたびにつらかった」って……。その時母は何も言わなかったけど、ちゃんと気持ちを伝えられただけでスッキリしたんだ。行き場のない感情を出しきることができた。

それからは、太ることがそこまで嫌ではなくなった。無理なダイエットをやめたことで少しだけ太ったんだよね。でも、太っていても、太っていなくても、周りの愛は変わらなかった。むしろダイエットに執着していた時以上に人から褒めてもらったり、憧れられたりすることが増えたの！

この話、本当に!?って思うかもしれないけど、本当ですよ（笑）。**自分で自分を認めたら、周りも自分を認めてくれる**ようになる。というか、私はこれまでも、周りから褒めてもらっていたんだろうね。でも、自分がその褒め言葉を受け取れなくて否定していたから、周りからの愛に気づけなかったんだと思う。自分がどんな状態であっても「大好き」と言えるようになってきた頃から、劣等感も薄くなっていったよ。誰とも比較しないから、上とか下とかの概念がなくなったんだよね。

私は、ダイエットを通して自分を受け入れられるようになって、本当に本当に毎日が楽になったの。わがままになれたのも、心理学を深められたのも、今はダイエットのお陰だと思ってる。全ては必然ってやつ？（笑）、過去の自分にも感謝だよ。

みんなが〝しょぼい自分〟を受け入れられないのは、しょぼかったら嫌われるとか、しょぼかったら愛されないとか、いろんな思い込みが絡んでいるからかもしれないね。本当は誰に認められたい？「どんなあなたも絶対に愛されている」んだよ。

03 周りと比べて落ち込んでいない？

優秀で、かわいくて、なんでも持っているあの子を見ると、つい〝自分なんて……〟と落ち込むことってあったりするよね。

白という色は周りに色があるからこそ見えるもので、同じように自分という人間も、周りがいることによって見えてくる。だから比べてしまうこと全てが悪いわけではないんだよね。

それに、比較した結果、劣っているからって自分を否定する必要も全くなくて。**素敵な人が自分の近くにいるということは、自分自身も素敵な人と同じエネルギーレベルなんだ！**って思えばいい。

今一緒にいられるのは、同じくらい優秀だからではなくて、エネルギーが同じだからなんだよね。エネルギーレベルが変わっていくと、近くにいる相手も変わってくる。

少し前までは話が弾んでいた相手だったとしても、だんだんと話が合わなくなってくることもあるし、その反対で、これまででは考えられなかったような人と仲良くなることもどんどん起きたりする。自分のエネルギーの変化がわかりやすく見えるのが、人間関係ではないかな？って思うほどだよ。

だから、自分より長けている何かを持っている人が自分の近くにいるってことは、とても喜ぶべきことだよね。そんな自分を自慢したほうがいいよ！

それでも比べてしまう時、気になる時、私が考えることは**「真似る」か「頼る」の二択**。自分にも取り入れられそうなことであれば「真似る」し、自分にはできないことであれば「頼る」を選ぶ。

たとえばね、とっても美しい人がいたとする。「こんな人みたいに美しくなりた～い」と思ったら即、真似るの。いつも何を食べているのか、化粧品は何を使っているのか、どういう運動をしているのかなどなど、気になることを聞いたり調べたりして自分も実践してみる。そしたら自分も少しは美しくなれそうでしょ？

比較しちゃう人が優秀な人であっても同じだよ。どういうやり方を意識しているのか、参考にしている本はあるのか、習慣は何かなどを聞いて真似る。優秀な人が近くにいれば、優秀なやり方を教わることができるから、とっても勉強になるんだよね。

人と比べて落ち込むって、自分いじめの天才なの⁉

そしてね、もし自分には到底できないことに長けている人がいたら、真似るよりも「頼る」を選んだほうがいい。「自分にはできないので手伝ってください。お願いします！」って素直にね。優秀な人を追い越そうとすると、時間もかかるし、上手くいかないしで、話がややこしくなる。

私はね、〝できないところ〟というのは〝できなくていいところ〟だと思ってる。**長けていようがいなかろうが、自分自身の価値や幸せにはなんら影響がない**のだから気にする必要なんかない。それに、なんでも自分一人でやるなんて無理だしね！　時間も体力も限界があるのだから、早めに人に頼ることのできる人になったほうがいい。

「頼りっぱなしじゃダメなんじゃないか？」とか、「人より優れたものがない！」とか悩む人もいるけれど、それはそれでいいんだよ。人より優れたところがないにもか

かわらず、素晴らしい人と近くにいられる自分って、逆にすごくない？（笑）

私がみんなの相談に乗っていて思うことはね、みんな自分いじめの天才だなって。だって、人の長所と自分の短所を比べて落ち込んでいるんだもん。相手にだって短所はあるし、自分にだって長所はあるのに、わざわざ相手の長所と自分の短所を比べるなんて、自分をいじめたくていじめているとしか思えない。

そんなことばかりしていたら、そりゃあ自分のこと嫌いになっちゃうよね。優秀でかわいくて自分よりなんでも持っている人が現れても、それは自分の世界の一部ってことを忘れないでほしいな。

04 しょぼいところに人は魅了される

たくさんの女性と触れ合ってきてわかったの。

ルックスが良い子はたくさんいる。でも多くの人から支持されて人気の出る子って、ルックスを超えて人間的な魅力がある子なんだよね。

みんなの周りにもいない？　すっごくかわいいというわけではないけど、なんだか気になる存在の子。見ていたらいつのまにか好きになっていた子。

多分それって、相手に親近感が湧いてきて、好きになるんだよね。完璧すぎると〝自分とは違う〟と思っちゃって、関心が湧かなかったりするけれど、どこか少し欠点が見えた途端に、応援したくなったりする……。ということは、相手から見た場合もそう！　**「しょぼい自分」のほうが人は共感してくれるの。**

私の隠していたしょぼいところはね、話し方がギャルっぽいところ。ブログで書いている言葉はキレキレなのに、話すと若いところがコンプレックスだったの。直そうと思ってもなかなか直らなくて、自分のことをすごくダサいと思ってた。

だから、初めての人と直接会うことや、動画で話をすることはできるだけ避けてきたの。でもいい加減そんな自分に疲れて、「しょぼくてもいいかも！」と開き直ってみたら、「イメージとは全然違って、大好きになりました！」っていうメッセージをたくさんいただいた。自分ではちょっと勇気のいる決断だったから、メッセージをもらった時は素直に嬉しかった。

そこから少しずつ**「自分の隠したいところ」を見つけるたびに、「えい！」って開示するようにした。**そうしたらね、面白いことに、開示するたびにファンは増えていったの。こういうことなんだー!!と思ったよ。

そしてもう一つ、私のしょぼいエピソードがあってね。それは、私の物覚えの悪さについて(笑)。私は、驚くほど記憶力がない。その部分って仕事をするためには、致命的なわけね。でも、どんなに頑張っても忘れてしまうから、どうしたらいいのかと悩んでいたの。

それを周りに相談したら、たくさんの救世主が現れた。「その作業、代わりにやりますよ」「ゆきさんのお手伝いがしたいです」と言う人がいっぱい現れて、びっくり！

でもね、自分もそうだと思うけど、誰かの役に立つってすごく気持ちいいよね。それは周りも同じなんだよ。みんな〝自分ができることをしてあげたい〟って、心のどこかで思ってる。もちろんそれが苦しいことだったら相手も憂鬱かもしれないけど、相手にとってわりと簡単にできることだったら、「え？　このくらい簡単ですよ」って気軽にやってくれたりする。

だから、**しょぼい自分を見せることは、相手が活躍するステージを用意してあげることと同じ**なんだよね。

それにあなたが困っていることを誰かが代わりにやってくれたら、とても嬉しいし、もしその人が困っていたら、次は自分が手伝ってあげたいって思ったりする。それこそ、良いスパイラルを生むと思うの。偽善的と思われてしまう面もあるけど、みんなで協力し合う世界って、やっぱり目指したいところだよね。ウンウン。

人に頼ることができない人は、この言葉を何度も口にして。**「そもそも迷惑をかけ**

ないで生きるなんて無理」って。
私は、頑張りすぎてる生徒やスタッフには、「しょぼくていいじゃん」って言うの。もちろん自分にもね！　しょぼくてしょぼくて迷惑をかけている人ほど、周りに活躍の場を与えているってこと。

迷惑をかけたり助けてもらったりしたら「申し訳ない」ではなくて、「最高！　本当にありがとう!!」と言うだけでも、相手はすごく喜ぶと思うな。自分も逆の立場だったら謝られるより、感謝されるほうが嬉しいでしょ？　もっとわがままに生きていいんだよ。

しょぼいところはどんどん開示していこう。そうしたら、しょぼい自分を受け入れることで自分が大好きになる上に、サポートしてくれる人たちがどんどん現れるから。

05 しょぼいことがバレたくない人の対処法

しょぼいことを隠そうと必死になっても、たいていの場合、それは周りにバレている、っていうのは半分冗談だけど（笑）。でもね、自分がしょぼいと思っていることって、周りから見ると「そんなこと!?」という場合が多い。

私のことでいうと、さっきも書いた通り、話し方がギャルっぽいとか記憶力が悪いとか……。自分の中では、結構葛藤した結果、この本に載せようと決めたのだけど、多分みんなは「そんなこと？」って思ったんじゃないかな？

それどころか、「私のほうがしょぼいよ～」なんて、しょぼい争いになったりして。しょぼい自分を隠そうとするとね、それがいつか周りにバレるんじゃないか？って怖くなってしまう。だけど前にも書いた通り、人生にはしょぼいところを伸ばしている時間はない!! だから**隠そうとせずに、すぐに言葉にしたらいいんだよ。「私は、**

○○なところが全然できないの」ってね。

でね、しょぼいところを周りに伝えることはできたとするでしょう？　そしたら次のステップが待っている。それはね、しょぼい部分を周りから指摘されたり、ネタにされたりしても否定しない！っていうステップ。

自分は受け入れたつもりでも、いざ周りから「できていないよね」「ダメだよね」って言われたら、ぐさっと心が傷ついて、「そんなことないよ！」って言い返したくなるもの。それはなぜかというと、まだ心の底から〝しょぼい自分〟を受け入れていないからなんだよね。

私もそうだった。自分からはアッサリ「私って話し方がギャルっぽい」とか「記憶力が悪い」とか言えるのに、いざ会社のスタッフから「記憶力悪いですもんね」って言われたら、ガ〜〜ン、ショック!!ってなっていた（笑）。

ついつい「そんなことない！　ちゃんとできる時もあるんだよ」なんて否定したくなったりして。でもそれを言ってしまったら、相手は困惑するでしょ？「どっちだよ」ってね。そして、手助けもしてもらえなくなる。手助けすると失礼かな？って思われるから。

だからもし、周りから指摘された時は、たとえモヤモヤしたとしても、グッとこらえるべし。「そうなの。全然できないの」って言えるかどうかで、本当に自分が受け入れられたかどうかがわかる。

受け入れるとね、周りから何を言われても気にならなくなる。「私のことよくわかってるね〜」なんて言える。今私の会社内では「ゆきさんはすぐ忘れてしまうので、実行する前日に話そう」「何度も話そう」みたいな雰囲気になっている。スタッフが大真面目につくった〝向井ゆき取り扱い説明書〟には、「すぐに忘れることを前提に動く」と書かれていた。

これを読んだ時、大爆笑だったし、な〜んにも気取らないで経営者ができるって最高だと思ったよね。

今の私には、バレて怖いものがない。かなり最強に生きてます！

06 嫉妬して、自分を嫌いになっていない？

今の時代って、ＳＮＳを見たら周りの充実感たっぷりのライフスタイルが否応なく目に入るよね。ハワイで撮った楽しそうな写真や、ハイブランドとファストファッションを組み合わせたオシャレコーディネートや、有名なカフェのかわいい食べ物の写真などなど。

そんなリア充を目の当たりにしたら、あまり良い気分にはならないかもしれない。モヤモヤして嫌な気持ちになって、「なんであの子だけ？」「それって、自慢!?」なんて思うこともあるかも。

ＳＮＳを通じて生まれる〝嫉妬してる〟ともいいたくないような複雑な感情は、今の時代っぽい悩み。だけど私は、そんな感情も未来への肥やしにできるように解釈している。

私は「周り＝自分の望みを見せてくれる人」って、心の底から思っているんだよね。だから、嫉妬のアンテナが反応したものは絶対に見逃さないようにする。それどころか率先して嫉妬できるところを探したりして（笑）。**モヤっとした瞬間に「自分、今なんで嫉妬した!?」って問いただすの**。だって、**周りこそが自分の行きたい場所を教えてくれているから**。

嫉妬するのには、ちゃんと理由がある。自分もそうなりたいっていう思いが隠れているんだよね。私たちって自分のことを見つけるのって難しいでしょ？　自分が本当に何を望んでいるのか、どんな未来に進みたいのか、はっきりしている人は多くない。そんな中で、嫉妬はすごくわかりやすいヒントになるんだよ。

全く遠い存在の人を見て、たとえば芸能人とかハリウッドスターとかを見て、悔しいとは思わないよね。もしある人を見て悔しいと感じるなら、その人は自分と近い存在なの。

昔の私はね、嫉妬の塊だった。いろんな人に嫉妬をしていて、すぐにライバル視するから、トゲトゲした性格だったかもしれない。

でも、なんで嫉妬しているのかを考えてみたらね、嫉妬する人は複数いても、嫉妬するポイントには共通点があったの！　それは「集団の中心にいる人」「セレブな人」「スタイルの良い人」「ビジネスで成功している人」だった。逆に他の要素で嫉妬することはあまりなかったのね。

たとえば、彼氏とラブラブな人とか、おしゃれな人、かわいい人とかね。そういったリア充発信には、全く興味が湧かなかったのに、嫉妬するポイントを少しでも持つ人には、か・な・り、敏感に反応してた。

気づけば、そのポイントが今の私をつくっているなぁって思う。今、私は人の中心にいるし、セレブとはいわないまでも、エレガントな生活ができている。スタイルをキープするために運動を欠かさないし、そして何よりも、ビジネスがうまくいったことが今の私の9割をつくってる！　過去嫉妬していたものは、全て今の私が手にしているものなんだよね。私は「今の自分」をずーっと求めていたのだと思う。

ちなみに今はね、あまり嫉妬しなくなったのだけど、「世界で活躍している人」や「ビジネスが成功している人」「影響力のある美しい人」には嫉妬することがあるかなぁ。それもまれで、数ヶ月に1回あるかないか。だからこそ余計、嫉妬の感情は大事にしているよ。自分が何に嫉妬するのか少し楽しみなくらい。

今日から周りをよく見てみよう。目をそらす必要も、否定する必要もないの。あなたがこれからどの道に進みたいのか、示してくれているのが「周り」だからね。自分のためにある世界だと自覚して、ヒントを探せばいいだけだよ! 感情をアンテナにして「自分はこの人が気になるな」とか、「私は◯◯ちゃんに嫉妬する」とか、とにかく感情と向き合い、自分を知ってほしい。

嫉妬リストで未来の自分をつくる

自分をもっと知るための面白い方法もあるよ。それはね、〝嫉妬リスト〟なるものを作成するってこと。**嫉妬することを書き出して、そこからさらにランキング化する**だけなんだけど。自分が今何を一番望んでいるのかがわかるからオススメ。たくさん書き出すことで共通点も見えてくるし、何よりも未来をつくっている気がして楽しい！　今嫉妬していることが、数年後には自分も手にしているかもしれないなんて、考えただけでワクワクしないかな？

もしね、嫉妬していることを書き出しても、〝自分には無理〟と思ってモヤモヤする人は、そう思ってしまうキッカケとなる「思い込み」を見つけよう。「私には○○がないから無理」とか「前も失敗したから次もできないだろう」とか、〝思い込み〟が隠れている可能性が大きい。

嫉妬するということは、そうなっている未来があるから起こる感情だと私は思ってる。未来は無数にあるのだけど、その中の一つに、実現した未来が存在してるってことなの。**「できない」「無理」「自分なんて」という言葉たちは過去ベースの思考。**

未来はいつだって選べる。

諦めずに行動していたら、エネルギーがその理想の未来の自分のエネルギーと同調して、必ず叶うことになるのだから、安心して嫉妬しよう！

07
思い込みを外して、夢を叶える自分になる

さっきね、〝思い込みがあると、嫉妬したあともモヤモヤが残ったまま〟という話をしたけど、思い込みを外すことが、人生を豊かにしていくことに大きく大きく、それはもう大〜きく影響してくるのね。

思い込みがないと、楽に自由にわがままになれるし、逆に思い込みがありすぎると、制限が多くてわがままも言えなくなってしまう。嫉妬もそうなんだけど、**感情が大きく動く時って、何かしらの思い込みが隠れていて、**それによって問題が難しいものになっていると思う。本当はとてもシンプルなのに、〝あれができない〟〝これができない〟と自分にストップをかけてしまう。

専業主婦だった私に経営者としての今があるのは、ある意味、知らないことが多すぎて、思い込みが少なかったからだと思う。周りの経営者はみんな大成功していて

「諦めなかったら、なんでもできるよ〜」というマインドだったから、私もその言葉を聞いて「気合いさえあればなんでもできる！」って本気で思っていたんだ。

「経営は大変」とか「半年間は利益が少ない」とか、そういう情報はほとんど知らなかったの。「うまくいく」前提のマインドだから、トラブルが起きても、大きな壁にぶつかっても「できる、できる」ってある意味楽観的に乗り越えてきた。ピンチは何度もあったけど、結局なんとかなって、今がある。目の前のことを一つ一つ乗り越えていけば、案外どんなことも上手くいくんだよね。周りはヒヤヒヤしていたかもしれないけど（笑）。

リスクを考えたら、新しいことはできない

そんな無知な私だったのに、徐々に知識をつけて、経営や会社の仕組みがわかってきたわけです。ほら、私って真面目でしょ？（笑）。勉強とかしちゃうわけですよ。そしたらどんどん上手くいって……ということはなく、知れば知るほど失敗する怖さも増していった。リスクを考えるようになったことで、行動する前に〝こういう問題が

起きるかもしれない〟って考えるようになったんだよね。

それは社会的にいうと正しいことかもしれない。だって社員がいるのになんでもゴーゴーはダメだから。だけど私の場合は、リスクを考えすぎることこそ〝危ないこと〟になるとわかった。これから新しいことをしよう！という時にリスクばかり考えていたら、何もできないから。普通と同じことをしていたら、普通で終わってしまう。

一般社会の中にいると、自分なんて埋もれてしまうことはわかっていたから、普通を超えていかないと、今考える大きなビジョンは達成できないことも知っていた。だから、あとあと身につけた経営者としての常識は、私には必要なかったんだよね。未来のビジョンをイメージして、そこだけに意識を向けて行動する。そうやって、ポジティブなエネルギーだけで進んでいくって決めたよ。

思い込みというストッパーがなくなると、どんどん前に進めるようになるから、夢も叶いやすくなる。私は、海外に行ったり、洋書を読んだりすると、ストッパーが外れやすくなるんだよね。それは、世界にはいろんな人がいて、自分の常識は通用しないことがわかるし、日本人であるがゆえの思い込みもあっというまに壊されるからだと思う。視野を広げると可能性が広がるのはそんな理由からだね。

08 しょぼい自分を許せば、周りからも許される

できない自分、ダメな自分、変われない自分、他人より劣っている自分、そんなしょぼい自分を目の当たりにした時はとてもつらいよね。こんな自分じゃないほうが良かった、なんで生まれてきたの？　もし自分じゃなかったらもっと幸せだったかもしれない。そんな思いがよぎったりする時もあるかもしれない。

でもね、否定している自分さえも受け止めてあげてほしい。どんな自分も全部OK！　自分を丸ごと愛するってそういうことだと思うんだよね。しょぼい自分を〝なし〟にしないで、良い自分も、ダメな自分も、受け止めてあげること。

自分を許すって、見なかったふりをしたり、妥協したりすることと勘違いしている人がいるけど、それは違う。**本当の「許し」は、抱えること**なんじゃないかな。ある

状態を許可すること。ダメな自分であってもいいと許可することが、許すということだと思う。

それに、私たちは自分として生きることを選んで生まれてきていると思うの。本当はこの体も、性格も、両親も、家族も、育った環境も全部選んでいる。今の自分でしかできない経験をするために、みんな自分を選んでいるんだよ。

だから、**今の夢を叶えるには、そのままでいる必要がある**と思うの。たとえ、どんなに最低な自分だったとしても、そんな自分だからこそ叶えられることがあるから。他の人だったら叶えられないけど、自分だったら叶えられる夢を描くことができる。

実際に周りを見ても、夢を叶えている人って、その夢を叶えるためのスキルがバッチリ備わってる。それは努力で後づけされたスキルだったとしても、そのスキルを伸ばせる気持ちが備わっていたんだよね。過去にはいろんなことを諦めてきたかもしれない。でもその一つを伸ばせたということは、そのスキルはその人にとって特別だったということ。

私もね、今大きな夢がある。そして、この夢を叶えられるのは自分しかいないって思うんだ。だって叶えるためのスキルや情熱を、私は持っていると思うから。もちろんこれからもっと伸ばす必要はあるんだけどね。

私はね、ずっと孤独だった。というか、孤独が好きなのだと思う。社会に染まるより自分の世界観の中で生きることのほうが心地良いの。でも、それは裏を返せば、人に合わせられないってことだし、社会に適応できないってことだけど、そんな自分だからこそ叶えられる夢があると思ってる。人に左右されていたら、自分の信念みたいなものも変わっていたかもしれないし、ブレていたかもしれない。

育った環境もそう。私は、佐賀県の田舎で育って、ゼロの状態から今に至っている。いっぱい痛い思いもしたし、いっぱい変化もしてきたのだけど、その経験があるからこそ、私にしか書けない「言葉」がある。

私の文章を読んで「涙しました」って言われることがあるのだけど、それは私が泣きながら書いてるからかもしれない。エネルギーは文章からも伝わるからね。私は私だからこそ、今の夢を描いている。誰もが同じで、みんなしょぼい自分だからこそ叶えられる夢を持っている。うん、すごくシンプル！

そしてね、**自分を許せるようになると、同時に周りも許せるようになる**よ。

そもそも常識とかルールとかがなくなると、裁く理由がないから怒る必要がなくなるの。

他人に対して過度に期待することもないから、裏切られることもなく、精神的に安定する。環境が変わらなくたって、自分の心は変えられるんだよね。

自分を許して、しょぼい自分を受け入れられるようになると、世界が優しく見えてくる。そうなると、あなたのエネルギーはどんどん高まることになるし、願いもどんどん叶うことになるよ。

全てはやっぱり、自分次第。

自分以外に自分を幸せにできる人なんて
この世界に存在しない。

自分を愛せる人は人を愛せるし
人を愛せない人は自分を愛せない。
だから、まずは自分を愛して。

本当のポジティブとは、
ネガティブな自分も受容できること。

第3章

わがままで、自分軸の恋愛だけをする

01 「一生愛され続けます」宣言をしよう！

今、みんなは愛されてる？　周りの男の人にチヤホヤされて愛をたくさんもらってる？　私はね、自分で言ってしまうけど……かなり愛されてます！（笑）

女は愛されてなんぼ♡って思っているから、周りにはいつもたくさんの愛を与えてくれる人がいる。仕事ばかりしているからか周りは、私が恋愛に興味がないと思っているようだけど、それは正解であり不正解。なぜなら、私は常に男の人に愛されていないと嫌。でも、追いかけたり恋愛に没頭したりすることはあまりない。だから、興味がないといえばないいんだよね。

私にとって**男の人に愛されることって〝空気〟みたいな感じ。あって当たり前。なくなったりしない。一生あり続ける。**空気ってね、自分から求めたりしないでしょ？

それと同じで**私も男の人を自分から求めたりしない。**

それはずっと小さい時からだった。父からも祖父からも弟からも溺愛されて育った私。我が家のルールに〝女の子には優しくする〟というものがあって、弟は許されないけど、私だけ許されることも多かったんだよね。

そして何よりも父の〝娘ビイキ〟が今の私をつくったと思う。弟が「買い物に連れてって」と言っても、「自分で行け！」と厳しかったのに、私が「アイス食べたいからコンビニに行きたい」と言うと、「お〜」と言って連れて行ってくれたりした。

姉弟間のエコひいきは良くないこと？と思いきや、弟は私に嫉妬するどころか、弟も私のことが大好きだったという（笑）。私のわがままをいつも聞いてくれたし、自分の友達に私のことを、「俺のお姉ちゃんかわいいよ」なんてコッソリ自慢してくれていた。いつも姉弟一緒に遊んでいたこともあって、家族が本当に仲良しなんだ。

そんな環境は私を超お姫様……どころか、女王様にしてくれて（笑）、結果、今の私が形成されていった。

この話をすると、たまに「姫でいられるのは、若い時だけだよ」なんて言ってくる人もいる。でも、それはないと思う（きっぱり）。なぜなら、うちの祖母も私とそっくりの姫気質だったのだけど、死ぬ間際まで祖父にも周りにも愛されていたから。

チャーミングで、わがままで、気が強い人だったのに、とても魅力的だった。

確かに年齢を重ねると、若い男性には愛されないかもしれない。でも、自分の恋愛対象も年齢が上になっていくわけだから、私が50歳を超えた時は、40〜80歳（？）の男の人と恋愛しているだろうし、愛されているのだと思う。だから、モテる適齢期なんてないんだよ。愛されマインドさえあれば、一生愛され続ける。


そしてね、**愛されるためのルールは、まず「自分は愛される存在」って決めてしまうこと**。それは、小さい時に溺愛されて育っていない人でも同じだよ。

私はこれまで恋愛の相談を山ほど聞いてきた。その中でも〝ダメ女〟を克服して、〝愛され女〟になった人は数えきれないほどいるし、プロポーズされた子もいっぱいいる。むしろ私は、プロポーズされる女にするつもりで相談に乗るから。エネルギーと一緒で、磨けばどんどん愛され女になれるんだよね！

ダメ女から愛され女へ!

私が定義する〝ダメ女〟は、**無意識に自分のことを否定している女**。そして**自信のなさから、「どうせ愛していないんでしょ」的な行動を取ってしまう女**を指す。

世間でいう〝小悪魔的な女性や、複数の男性と付き合う女性、そして男の人をもて遊んでしまう女性〟は、むしろダメ女じゃなく愛され女だと思ってる。だって事実、私の知っているそういう女性たちは愛されていますから。幸せそうですから。

ダメ女になると、そもそも自分自身が幸せじゃなくなってしまい、その結果、男の人も幸せにできない。

私はどれだけ仕事に没頭しても、美しさと女らしさはなくしたくない。女性が憧れるような女性になりたいし、愛されることが女にとって、とても重要なことだと知ってるから。

女は男と違って、仕事の成功だけで満足する生き物ではないと思う。ワーク・ライフバランスではないけれど、仕事もプライベートも美しさも全部大切。一つがダメになると全部がダメになることも女性特有だよね。失恋して仕事に打ち込めないとか、太ると友達に会いたくなくなるとか。だから、ダメ女になるということは、生活全搬に影響を与えるってこと。

そうならないためにも、自分は愛される存在！と決めてしまおう。

02 モテるのは簡単、愛されるのは難しい

〝モテる女〟だからといって、〝愛される女〟というわけではない。むしろ、モテるけど愛されない女のほうが結構多く生息している。

私の中では、**モテるのは出会った最初の段階で決まり、愛されるのはモテを超えて自分自身を見せた時に決まる**と思ってる。だからモテるほうが簡単。目を見て話すとか、スケスケの服を着るとか、男の人を褒めるとか……最悪、胸を寄せて目をうるうるさせておけばいい（笑）。

モテテクなるものを実践できれば、男性から声をかけられたり、「好き」って告白されたり、良い待遇を受けたりと、お付き合いまでは発展しやすくなる。でも、愛されるのはその先の話。モテを乗り越え、お互いを深く知っていって、そこからが勝負。

私たち女も、2、3回しか会っていない相手から「愛されてるなぁ〜」って感じる

ことは、なかなかないよね？　時間を共有していく中で「愛されてる」って感じるものだと思う。

私の周りにはね、モテるけど愛されない女が多かった。仲良くなればなるほど離れていかれて、なかなか結婚までたどり着けない……そんな相談もよくされた。だから彼女たちは、とても恋愛に苦労というか疲弊しているように見えたし、それこそ恋愛の指南書的なものをよく読んでいたよ。

合コンや飲み会ではすごくモテてイキイキ輝いていたのに、一途になった途端、ダメ女になってしまう人を見てきて、たとえ、モテることができてもそのあとに愛されることができなかったら、女は輝き続けられないんだな……って悟ったよね（遠い目）。女が輝くためにはモテることよりも、愛されることのほうが重要なのだ！

そんな私はモテる女だけど愛される女でもあった（爆笑）。というか、どちらかといえば愛されることのほうが得意で、最初に興味を持ってもらえなくても、飲み会で連絡先を聞かれなくても、一緒にいればいるほど愛してもらえる傾向にあった。だから、恋愛の指南書にお世話になった記憶はないし、相手に好かれるために頑張るということも（ごくまれに……、ごく昔に……）趣味の延長くらいで、そこから先の努力はしない。なぜって？　**自然体でいたら愛されると**思ってるから**！**（最強ですみません）

男が離したくない女になる秘訣

私の愛されっぷりを語るとね。まずその男性なりの愛情表現をた〜くさん受け取れる。そして基本、「今までの人生で一番特別な人」に昇格できる。

愛情表現とは、連絡がマメとか何かを買ってくれるとかじゃないよ。その人と一緒にいると、「この人は私のこと、めっちゃ好きなんだなぁ」って思える態度とか行動とか、視線とかを向けてくれるの。付き合っていくにつれての男の人の変化も、私がちゃんと受け取れるから、その人の発言もさらに愛があるものに変化していく。「愛してる」なんて言葉がなくても、愛はバシバシ感じ取れるものなんだよ。そして私もその愛を受け取れば受け取るほど、安心して社会と戦えるんだ（男です、はい）。

自然体でいるということは、欠点も相手に開示するってことなんだけど、それはやっぱり自分が自分の欠点を受け入れていないとできないこと。**欠点を受け入れてい**

る女性は、お互いを深く知ったあともずっと愛され続けることができると思う。むしろ欠点が魅力になって、男性の中で唯一無二の存在になる。

だから私は、男性にこそ欠点を見せる。しかも出会ってすぐに自分の欠点を言ってしまう。「浮気します」「ドタキャンします」「わがままです」「1週間会えないと冷めます」「ベッドメイキングは必ずしてほしいです」とか！

そこまで言っても一緒にいてくれるとしたら、私の欠点を受け入れて一緒にいてくれるってことだよね。しかも、すでに短所は開示しているんだから、その後相手に見せるのは長所しか残っていないんだな（笑）。

モテるけど愛されない女は、自分の欠点を隠そうとするよね。その欠点がバレると離れられてしまうと思い込んでいるからなのかな？　そうだとしたら、**自分が欠点を受け入れていたら、相手もその欠点を受け入れてくれる**ということを思い出そう。

恋愛こそ、わかりやすく自分の考え方の癖が出る。**愛され女は自分を愛せる女**だってこと、今すぐメモでしょ!!

03

「幸せにしてほしい女」は幸せになれない

幸せにしてほしくて、何かを埋めてほしくて、彼に求めすぎる女って怖いと思う。まるで、相手のエネルギーを吸い取ろうとする吸血鬼!! そういう女に寄っていく男も、枯渇している男であることが多い。お互いに自分を埋めてほしいエネルギーで成り立っている。

そんな関係が悪いわけではないんだよ。私も昔はそうだったし、精神的な成長のプロセスでは大事なのかもしれない。ただその関係のままだと、いずれは与え合いではなく奪い合いになってしまうの。そしてもっと枯渇する結末になる。

相手に与えてほしいと思うなら、まず自分が相手に何を与えられるかを考えないといけないし、**本当は自分が自分に与えてあげて、自分を先に埋めてあげてほしい。**

私は、パートナーに対して幸せにしてほしいと思っていない。というか、すでに幸せだから、恋愛に求めるのはそんなことじゃないんだよね。しかも与えてもらうことのほうが多くて、「私ももっとお返ししたい！」って思ってる。相手からたくさん受け取る愛以上に、自分もいっぱい愛したい。

この間、ボーイフレンド君に、「私と一緒にいるのはなんで？　こんなにわがままなのに」って聞いた。そしたら、「う〜ん、わがままだとは思わないけど。あえて言うなら優しいところかな」って言われた。「私が優しい!?　本当〜〜!?」なんて大喜びしたのだけど、まぁ確かに一緒にいると優しい私。亭主関白な街で育ったからか、尽くすことは自然とできるし、相手の話を聞くのも結構好き（言うことを聞くかは別として）。それが彼の目には、優しい一面に映っているらしい。一緒にいるときは自分も楽しくなりたいから、相手にも楽しくなってもらうように工夫するのだけど、それも相手には好印象。

ここで私がやっていることを披露しよう！　まず、ご飯の時にかわいい箸置きを置いたり、一緒に踊ったり（いや正確に言うと踊っているのは私だけ）、彼の大好きなデザートを買って一緒に食べたり（この時、生クリームを鼻につけても良し）、驚かすために隠れたり（これ結構失敗していて、知らない人を驚かしてしまった経験あり……）。

そんな工夫があってか、「ゆきちゃんといると元気になる」ってよく言われる。私は**自分を好きになってほしくて相手を喜ばせているわけではなくて、どうせなら一緒に笑い合うほうが自分が楽しいと思って行動してる。**人生の幸せも、今この瞬間の幸せも、自分でどうにかしたいと思うんだよね。相手に「幸せにしてよ」っていう態度は、結局は他人軸。相手がどうにかしてくれなかったら、自分のエネルギーを落としてしまうわけでしょ。それって、結局自分が損してるじゃん！

他人によって自分の人生をコントロールされるなんてありえない。私は全部自分が決めたい。人生の舵取りはいつだって自分！　会う時間も、会う頻度も全部私が決めたいって思ってるよ。

女次第で男の男性性はメキメキ育つ

私はそういう男前なところもあるからか、周りの男の人はどんどん甘えてくる。「ゆき〜養って」とか言う人もいる。でも、そこで甘えさせることは絶対しない。

さっきまでのかわいい私から打って変わって、「それは嫌。支えてくれない男の人なんていらない」なんて、普通に冷たく言う。なぜかというと、**女性があまりにも男性的だと、男はどんどん女性化していく**から。片方の男性性が強くなったら、もう片方の女性性は強くなるんだ。

だから私は、相手の女性性が気になり始めたら、思いっきり甘えるの。しっかりしようとせず、いい加減になって、だらしなくなって、全部やってもらう。本当は自分でできることも。そして決めゼリフは、**「〇〇君がいないと生きていけない……」**で締め！　このセリフを言うと、相手の男性性がメキメキ育って、「ゆきちゃんは、実はか弱い一面もあるんだ！　僕がしっかりしないと！」となる傾向が強い。

そこで男に「え〜、僕無理だよ〜」と言わせてしまったら、彼の男性性を発揮させてあげられていない女が悪いってこと。男の人の中には、多少なりとも「あいつには僕しかいない」って思いたい気持ちがあると思うの。そこを発揮させてあげないと！

いくら自分軸が大事だからって、男の人の役割を女がやる必要はない。女はなんだかんだ甘えたい生き物。自分が男らしくなるのではなく上手に男を育てたほうがいい。

04

一切妥協しないで恋愛をする

あなたはどんな人とお付き合いしたい？　理想の相手は明確に決めている？
「妥協できないことリスト」でも「理想の男性リスト」でもいいから、まずは自分の希望を書き出すことから始めてみよう。

私はリスト化することを高校生の時から行なっていて、夢や目標と一緒で、過去お付き合いした人たちは、ほとんどリスト通りの人だった。書いている時は、「こんな人いるのかな？」なんて思いながら超理想を書き出すのだけど、実際にその通りの人が現れるから驚く……。毎回毎回度重なる奇跡に、出会う人さえも自分が選んで現実化させているんだなぁと感動するよ。

だから、**リスト化する時には思う存分理想の条件を書いていい**。夢と同じで遠慮する必要なんてないんだよね。

・身長175センチ以上
・英語が話せる
・クール
・私に合わせてくれる
・人生経験が豊富
・一途（むしろ恋愛下手）
・譲れない何かを持っている
・一緒にいるといっぱい笑える
・A型
・インテリ

これは私が昔書いていた理想の男性の条件なのだけど、なんと、血液型までぴったりの男性と出会うことができた。そしてその後も調子に乗った私は、もっと具体的に理想の男性像を書いていった。外国人とか、バイリンガルとか、医師とか……。で、それも見事に当てはまった人が現れたんだよね。

ここまで具体的に条件化しているのに、ぴったりの人が現れると、自分は予言者じゃないか？とさえ思えてくる。理想の男性をリスト化している周りの子も、書いていた通りの人が現れているところを見ると、私が予言者なわけではなくって、みんな予言者なのだと思う（笑）。ワクワクと一緒で、叶うから書ける理想の男性。思う存分イケメンを書いたらいいよね。

ただ、せっかくの夢を壊すことをいうようだけれど、**理想の男性と同じエネルギーレベルの自分にならない限り、理想は現実化しない**。理想が高いなら、その理想に追いつくために努力と感じることもしなくてはいけないよ。エネルギーは超正確だから、そこだけは押さえておこう！

理想の反対側を受け取れる？

そしてね、私は**お付き合いをするために理想の人の条件を書き出したら、その理想の反対側を見る**ようにしてるの。たとえば、理想の男性リストに〝私に合わせてくれる人〟と書いたとする。でも、合わせてくれる人って逆にいえば、〝自分で決めることをしない人〟かもしれないってことなんだよね。だから、その部分を自分が受け入れることができるかを考えるの。

「クールな人」を望むなら、2人でいるときに積極的に話してくれることはないかもしれないし、「誰にでも優しい人」を望むなら「他の女性にも優しい人」であるかもしれない。そうやって、反対側を予測するのね。

長所と短所はいつだって二つで一つだから、長所の反対側を自分が受け取ることができるのかを考えることで、本当に望んでいるかどうかがわかる。

というのも、**別れや失望の多くは、この長所の反対側となる性格を受け入れられないことが原因となる**んだよね。男らしさが好きで付き合ったのだけど、自分の思いを受け入れてくれなくて別れるとか、仕事をバリバリしている人が好きだったけど、いざ付き合ったら全然会う時間をつくってもらえず仕事を優先される、とかね。

みんなもよく聞く話じゃないかな？　それって、案外最初から予測できたりする。

だから理想の相手の条件をリスト化したら、その反対側の性格もチェックして、それでもなお本当に望む相手だといえる理想の条件を書き出そう。本当にリスト通りの人が現れるから、細かく具体化するべし！

理想を妥協するってことは、その人と付き合える自分になれないかもって思っていることじゃない？　だって心の底から〝理想の人と付き合える〟と思っていたら、妥協なんてしないはずだから。

「理想の人に妥協すること＝自分の未来に妥協すること」だと思って、どんどん自分を高めていこう。

05 理想の相手と出会うエネルギーの高め方

理想の人を設定したら、あとはその人と出会うべく行動するべし！　もちろんエネルギーは無駄に動かさずとも引き寄せ合うから、何をしていても出会う人とは出会える。それでも私が行動することをおすすめするのは、**行動することで自分自身が「出会える！」と信じることができる**から。

エネルギーは、意識を向けることで拡大し現実化する。だから、「出会える！」と思えば思うほど現実となるの。それに、家でゴロゴロしていたってエネルギーレベルは変化しないし、「理想の人と出会える」とも思えない。家にいても出会える人というのは、すでにエネルギーの高い（あるいは理想の人と同じエネルギーレベルの）人だけなんだよ。

自分のエネルギーがまだまだ理想に届いていないのなら、今すぐ行動して、高いエ

ネルギーに浸ったほうがいい。そして、どんどん出会える確率を高めていったほうがいい。

理想の人と出会うためにはまず、その人が足を運びそうな場所に行くことだよね。いつも自分が行く場所には、新しい理想の出会いが転がっている確率は低い。もしいたとしても、いつ出会えるのかわからないから、時間をロスしてしまう可能性のほうが高い。それはたとえていうなら、カジノに行って隣の台はフィーバーしているのに、自分は一向に当たりそうにない（そして他に客もいない）台の席にただただ座って待っている感じ。そんな状況であれば、「隣の台に行けばいいのに！」って思うのが普通だけど、出会いも全く同じ！　他の場所に行けばいいのに！

たとえば、ビジネスマンと付き合いたかったら、ビジネスマンが仕事終わりに行きそうな場所へ自分も行けばいいし、ストイックな人と出会いたかったら、トレーニングジム、あるいはランニングやトライアスロンのチームあたりに参加すれば、高確率で出会えると思う。お金持ちの人と出会いたかったら、会員制の飲食店やバーに行くだけで、出会える確率はぐっと高くなる。

そこで、「行くのは緊張するから嫌」とか、「場違いかもしれない」とか言う人がいれば、私は間違いなくこう言う。「エネルギーが高い場所に行くって、そういうことよ！」って。**緊張もしないような場所は、自分と違うエネルギーの人がいる場所ではない**と思う。それに、エネルギーの高い場所に普通に通えちゃう彼と、普通に行けないあなたとだったら、お付き合いどころか話すこともできないと思う。違うエネルギーになじむことが重要なのに、それを避けているなんて……意味不明（ハイ、厳しいです）。

最初は緊張していたエネルギーの高い場所にもなじめるようになったら、自分のエネルギーが変化したってことだよ。

私も昔は、行くだけで緊張する場所がたっぷりあった。高級ホテルとか、ハイブランドのお店とか、やたらと扉の重いジュエリーショップとか。ただでさえ緊張する場所なのに、警備員が入り口に立っているだけで、もっと敷居が高くなるよね。「このドアは押すの？　引くの？」みたいな（笑）。

でも今は変わった。日本では、緊張する場所はほぼなくって、むしろ高級な場所のほうがしっくり落ち着くようになったんだ。佐賀の田舎育ちでもここまで成長できたのだから、誰でも変われる！

女を磨くって、自分を大事にすること

もう一つ、理想の人と出会うための行動は、女を磨くことだね！　とはいえ女を磨いたからって、ポッと理想の人が現れるわけではなくて、女を磨く行為そのものが自分を大事にするという行為だから、やっぱりエネルギーが高まるんだよね。

壊れてほしくない大事な宝物は、大切に大切に扱うでしょ？　自分の体もそれと一緒なんだから、磨いてあげること。**手をかけてあげることで、自分への愛も高まる。**そうやって大切にしていると、恩恵として美しさも磨かれるの。彼に自分のことを大事にしてほしいなら、同じように自分も自分のことを大事にしないとね。今は理想の自分に遠くても、ちゃんと磨いてあげれば必ず変化していくから。

磨き方がいまいちわからないのであれば、綺麗な人のそばにいて、綺麗になるための情報を聞いたらいいと思う。綺麗な人は綺麗になるだけの理由を持っているから。

私のコミュニティにはたくさんの美人さんがいるのだけど、美人が集まると最強。あらゆる情報の宝庫だから。このコミュニティに入ることを、「私なんかが、この人たちと仲良くできるのかな?」って不安に感じる人もいるみたいだけど、勇気を持って飛び込んで美人の仲間たちと一緒にいたら、その子は必ず綺麗になるんだよね。

周りの美人さんたちに、食事とか運動とか意識することをいろいろ教えてもらってあれこれ楽しく試しているうちに、一気に垢抜けていったりする。なぜか「美人な人は性格が悪い」なんて誤解している人もいるけど、そんなことありえない。**自分を磨いている人ほど、誰にでも親切で優しい。**

理想の男性に会う前に、理想の女性になるための方法も学ばないとね。美人のエネルギーにもちゃっかり同調させたらいいのだよ。

06

自分よりレベルが高い人を落とすには？

理想の人……というくらいだから、自分よりエネルギーの高い人を好きになったと仮定して話を進めよう。というか、大体自分よりエネルギーの低い人は好きにならないね（笑）。**「追いかける＝相手のほうがエネルギーが高い」「追いかけられる＝自分のほうがエネルギーが高い」**と私は解釈している。

そして、理想の人がチラッとでも自分の世界に登場してきたら、「遠くないな」って思うの。遠くないっていうのは、理想の人と自分のエネルギーレベルが遠くないってことね。本当にエネルギーがかけ離れている人だったら、自分の世界には登場せず、テレビや雑誌で見ているだけ、こちらが一方的に噂を聞くだけ、ということになる。だから、普通に話そうと思えば話せる距離で存在している人は、エネルギーも自分とかなり近いということ。

それを数字で表すなら、自分がエネルギーレベル10とした場合、遠くで見ているのが精いっぱいの相手はエネルギーレベル100、近くに存在しているけど話すことに緊張する人は自分よりちょっとエネルギーの高い、20くらいってこと。10くらいの違いなら、少し努力したら等しくなれる。なので、お付き合いすることを目標とするなら、ちょっとエネルギーの高い人のほうが早くて確実かもしれないね。

私は、**理想の人と今の自分があまりにもエネルギーが遠くて話せないようだったら、長期戦を視野に入れて考える。**諦めたりはしない。それがたとえアイドルだったとしても（笑）。

これまでも、数年かけて口説いた恋愛は多くて、高校1年生の時に好きになった相手を高校3年生の時にまた口説いたり……なんてこともあった（そして最後は私がすぐに冷める、というオチつき）。

長期戦の良いところは、焦らずじっくり自分を高めることができて、執着心もあまり湧かないところ。いってしまえば、落ち着いた女磨きが可能になるの。レベルが近い男性だと、どうしても結果を早く求めるでしょ。だからもし理想の人が今の自分にとって遠い人だったとしても、お付き合いできる可能性は大いにある。

私は、短期戦の恋と長期戦の恋との同時進行も、個人的にはありだと思うな。なぜなら目的は、**恋をきっかけに自分を磨くこと**だからね。

実際に長期戦で追いかけた相手が身近に現れて「来た！」と思って攻めたこともある。その人とは結果的に友人になったのだけど、現実に自分の目の前に現れた時、私は、「憧れだった人と近くなれるまで自分は成長したんだなぁ」と思って嬉しかった。出会えたことではなく、自分の成長が嬉しいって、私らしいのだけど（笑）。

相手に好かれたいあまり、緊張してしまうときは……

もしみんなの現実に理想の人が現れているなら、それはエネルギーレベルが近いということだよ。たとえ片思いだったとしてもね。そこで〝自分なんて〟と思わずに、どんどんエネルギーを上げていこう。**連絡があまり来なくても、相手に彼女がいても、自分はただただエネルギーを上げることに集中する**。そしたら、上手くいく人とは勝手に上手くいくから。

エネルギーを上げても上手くいかない人もいるけど、その人は自分の人生にご縁がなかったというだけ。もっと他に良い人がいるから落ち込まなくていいし、執着しなくてもいい。自分が成長すれば、全て最善に進んでいくから。

それでも相手の近くにいると構えてしまうことってあるよね。自分らしくいられなくて緊張したり……。そういう時はこう思うの。

「男はしめじ」……(笑)。

実はこれ、生徒に言ったところ、すごくウケてみんな心が楽になったと言っていたんだ。しめじの由来がどこから来ているのか私もよくわからないけど(笑)、言いたいことは、**「男の人も、口もないしめじも全ては同じエネルギー体だよ！」**ってこと。だから構える必要も緊張する必要もないのだよね。

好かれたいという思いが強くなった時は「しめじに好かれるために頑張るの？」って思ってみて。なんだか馬鹿らしくなるから！

07

「好き」を連発しても、重い女になるわけではない

「男は追いかけたい生き物だから、自分が好きだってことを悟られたくない」と考える女性は多い。だけど、好きと言ってても言わなくてもフラれる時はフラれる。

確かに、「好き。愛してる」を多用すると重い女になるように感じるけれど、それは「好き」と言うから重くなるのではなくて、**「好き」というセリフと一緒に「私を好きになってね」「あわよくば結婚前提で」「あなたを逃したら私終わりなの」的な強い想いが加わって、それを感じた男の人が重く苦しくなっている**のだと思う。

私たち女も、イタリア男性から「愛してるよ〜。好き、好き〜」と軽く言われても「重いなあ」とは思わないし、むしろ「軽いな！」とすら感じるよね。ということは〝重い〟と感じさせるのは言葉ではなくって、目に見えない気持ちのほうなんだよね。

目に見えない想いもバッチリ相手には伝わるということ。

私は、相手に「好き」だとはっきり言う女。一緒にいない時もふと思い出したら「好き～」ってメールを送る。だけどその返事を求めたりはしない。言うならこんな感じ。

私「今日も大好き～」
彼「僕も好きだよ。今何してたの？」
私　スルー。返事をしないことも多い（忙しいだけでわざとではない）。
　間が空いて……。
私「好き、好き、好き～～♡　もうずっと一緒にいたいな」
彼「僕もだよ。今日、このあと空いてる？」
私「いや、空いてない。仕事をするから。じゃまた♡」

超ワガママなこのくだり、ギャグみたいだけど、もはや日常茶飯事。自分の予定は絶対だし、一番大事なことを最優先するのも絶対だから。**恋愛を最優先にしたいと思えばそうするけど、思わない場合は、どんなに好きであっても優先順位は崩さない。**

私がこんな態度だからか、男の人に〝重い〟と言われたことは一度もない。そう、ここが大事。一度もないの!!

だから「好き」の出し惜しみをすることが、相手との恋愛に良い影響を与えるとは思えない。「好き」と言うことで冷められてしまう関係性なら、終わるのも時間の問題でしょ。

それに私がなぜ、隙あらば「好き好き」言うのか、それはとても単純。気持ちを伝えたいから。いつお別れになるかわからないし、いつ会えなくなるかわからない。だから、想いは相手に伝えておきたい。それに、言われた相手もきっと嬉しいと思うのだよね。

だから一石二鳥だと思ってる。**少しでも「好き」だと感じた瞬間に言葉にしよう。**男の人が追いかけたいのは、もう少しで気持ちまでも完全に〝俺のもの〟にできそうな女なんだから!

08 結婚がゴールなんて幻想である

理想の人と付き合うことや、結婚することに人生をかけている人もいるけど、お付き合いすることがゴールではないし、結婚がゴールでもないことは間違いなくいえる。私は一度結婚をしていて、結婚の良さも大変さも知っている。だから、2人の新しい関係が始まった時こそ、自己成長の旅が始まることも理解したの。

私の結婚生活は正直にいうと……最高だった!! 優しいパートナーに、かわいい愛犬。素晴らしい人格の義父と義母。まさに、絵に描いたような理想の結婚生活だったのだけど、それでも相手と向き合うことは大変。ずっと一緒にいるのだから、相手の短所も否応なく見えてくる。男女の価値観のズレももちろんある。その壁にぶつかった時、「もういい!」って投げ出すことはできなくて、**乗り越えるか、不満を持ち続けるかの二択**になるの。

長く付き合えば付き合うほど、相手への不満も出てくるのだけど、その時に大事なことは、**「変えようとしないこと」**なんだよね。自分で自分をありのまま受け入れることが大事なように、相手のこともありのまま受け入れるの。

変えようとすると、変わらなかった時にすごく不快になるよね。「なんで何度言ってもパンツをここで脱ぐの⁉」なんて（笑）。でも、相手はコントロールできない。だから、言ってしまえば「受け入れるしかな～い！」っていうのが私の本音。

受け入れられない気持ちはよくわかるのだけど、**パートナーは〝自分の究極の短所〟を持って現れる**の（涙）。だからこそ、その短所を持つパートナーが、イライラムカムカして、許せないのは当たり前だよね。

その短所が嫌で別れて、また別の人とお付き合いしても同じことだよ。新しい相手にも自分の短所が見えてきちゃって、結局誰と付き合ってもイライラムカムカを繰り返すから。自分が自分の短所を受け入れない限り、同じことが続くということ！

パートナーにムカつくのは、自分を否定している部分

ちなみに私が過去持っていた恋愛の失敗パターンは〝彼が女々しくなって、最後は別れる〟というもの。どんなに男らしい人と付き合っても、だんだんと女々しくなっていく。そして私が彼の女々しい性格にイライラムカムカして別れに至る……ということを繰り返していたんだ。

これは自分の中の、女々しい自分というより、**〝頼りない自分〟を否定していたから起きていたこと**。彼が弱いところを少し見せるだけで不快になって、「男なんだから、しっかりしてよ!!」なんてチクチク言っていたりした。

頼りない自分を否定していたのは父がきっかけ。

実は、我が家の父は、すごく優しい半面、とても頼りない人だったの。頭も良くて、人の悪口を言わない素晴らしい人なのだけど、若い頃の私は「男性＝男らしいもの」だから、「男らしくない＝男としてダメ！」と思ってしまっていた。だからこそ、お付き合いをする人はいつも〝男らしい人〟を選ぶのだけど、どんなに男らしい人と付

き合っても、まるで父のように、野心が消えまろやかになり、優しくなっていった（笑）。

このパターンを繰り返す理由は、そう！　私自身、男性性がすごく強いから。私の男性性のほうが相手の男性性を上回る結果、相手の女性性が開花していく。私はずっと心のどこかで**男の人に勝とうとしていた**んだよね。そして、**相手をコントロールしたい欲求が強かった**。まるで「自分のほうが上だ！」と言わんばかりに……。

彼が失敗すればするほど、「ほらね、私のほうが正しい」と優越感に浸る癖があった。このことに気づいた時、衝撃だった。自分で自分を苦しめていたんだなぁと思って。それからというもの、彼の男性性を開花させる方法にフォーカスし、接することにしたんだ。

全ては自分が生み出したもの。そして現実はいつだって「結果」にしか過ぎない。お付き合いする人なんて、今の自分のリアルな鏡……。だから、極論、相手は誰だっていい！（笑）

09 パートナーと豊かになる！

「相手は誰だっていい！」と断言したけど、「大好きな彼と未来も一緒にいたい！」という乙女な気持ちもわからなくはない。大好きな彼と一緒に成長していけたら離れる必要もないし、もっといい人生になるし、ベストだよね。結婚している場合はパートナーをコロコロ変えるわけにもいかないから、なおさらでしょ。

相手と一緒に成長していく方法も、私はあると思ってる。だけど前提として必ず「変わる」わけではないし、あくまでも**「自分が楽しいし、幸せだからやる」というスタンスを忘れない**でほしい。

一緒に成長していくには、意識を相手の長所に向けること。そして、心の底から相手の夢や成功を信じてあげること。そうすることで、信じたものが現実になっていく。

ついついパートナーの欠点ばかり見ている人っているよね。「すぐに怒る」とか、「だらしない」とか。残念ながらそうやって**欠点ばかり見ていると、その欠点がどんどん目につくようになって、本当にダメ男になってしまう**んだよね。だから私は、相手の欠点ではなく、長所をたくさん見るように意識している。意識していないとつい相手より上に立ってしまうからね(笑)。

たとえば、一緒にいる時はできるだけ良い面・素敵な面を見つけて、すぐに言葉にするようにしている。「すごい! 今日はこの間の服の100倍かっこいい!!(このセリフは、〝この間の服がダサかった〟と遠回しに伝える時にも効果的)」とか「ゴミを捨ててくれるなんて、なんて器が大きいの! 私、めっちゃ幸せ!」とかね。ポイントは具体性。具体的であればあるほど、論理的な男性に響く褒め言葉になるの。

相手も長所を具体的に褒められると嬉しいみたいで、率先して同じ行動を取ってくれるようになる(笑)。だから**彼の長所の中で、もっと伸ばしてほしい部分や、伸ばすと仕事にも良い影響を与えそうな部分をいつも褒めてあげる**といい。

そして、**相手よりも相手の未来を信じる**の。どんなに現実離れした夢や目標を語っていたとしても、「絶対に叶う!」って自分のほうが強く思ってあげるのね。実際に、人はいつだって変われるし、ワクワクする夢ならエネルギー次第で叶うと思うんだ。だから、彼の夢も絶対に叶う！と思って接するの。

男の人だって自信がなくなる時や、弱音を吐きたい時はある。そんな時に「しっかりしてよ！」ではなくて、**「大丈夫。そういう時もあるね。○○君なら大丈夫だよ」**って側にいる人から信じてもらえたら、男の人はもっと強くなれるはず。男の人に限らずみんな同じだよね。信じてもらえていると思ったら強くなれる。

パートナーの豊かさも自分のキャパ次第

私が運営しているオンラインコミュニティのメンバーさんと話をしていた時のこと。その子の夫はサラリーマンなのだけど、急に出世することができて年収がドカンと上がった、という話を聞いたの。普通は起きないような特例で、彼女も大喜びだった。

そんなことがなぜ起きたのかというと、その子自身が成長したからだと私は思ってる。パートナーのエネルギーを彼女が高めてあげられたことで、収入アップにつながったんだなぁって。

その子は、出会った当初は自分に自信がなく、他人をうらやましいと思ったりするところもあった。だけど自分を理解し、大事にすることでどんどん綺麗になって、他人と比較することもなくなっていったの。パートナーのことも心から信頼していた。

自分を受け入れられるようになると、あらゆるものを受け入れられるようになって、豊かさはどんどんアップしていく。どうやって豊かさがめぐってくるのかは、コントロールできないのだけど、その子の場合は「パートナーの収入アップ」という形で現れたんだ。

豊かさは、環境やお付き合いする相手次第だと誤解している人もいるかもしれないけど、それは違うよ。自分のキャパシティ次第で、相手も周りも変化していくの。

だから、パートナーに豊かになってもらうために（たくさん稼いでもらうために）頑張るよりも、**自分のキャパを広げて、パートナーと一緒にエネルギーを高めていく方がずっと早く豊かになる。**「相手の年収が低い！」なんて愚痴っている人は、本当は自分のキャパが小さいだけ、ということに早く気づくべきだよ。

パートナーと一緒に豊かになるためにできることは、自分を磨くことにつながる。何度も書くけど、この世界は自分でつくっているからね！

10

執着しない女になる

ものに対して、人に対して、恋愛に対して、私は恐ろしく執着しない。それはなぜかというと、失っても〝また得られる〟っていう確信があるから。**全く同じものは手に入らないとしても、もっと良いものがめぐってくる**と考える。だから、離れていく人に対しても、執着することは全然ないんだ。

もしフラれたとしても離れるという選択は相手が決めたことだし、それはその人にとっての最善な選択だと思ってる。だから、相手の意見を尊重するためにも、私はその意見に従う。

「離れていかないで〜」なんて本当にエゴ。離れていかれるのはつらいかもしれないけど、もっとそれ以上の人と付き合えるように、自分を磨けばいいだけのことなんだよね。私には「寂しい」という感情はないし、「みんなも世界も一つでしょ？」って思ってる。だから、離れていかれたから一生お別れ、とも思ってない。またご縁があれば出会えるよね、っていう気持ち。それは本当のこと。

私はあまり人と連絡を取らない。メールアドレスを教えることもないし、自ら率先して名刺を配ることもない。ＳＮＳ上でもつながる人を限定していて、私に直接メッセージを送れるのは、ごくわずかな人だけ。

そんな状態であっても、**つながる人とはつながれるから心配はいらない**。人生のその時々で、キーマンとなるような相手とは、必ず仲良くなるんだよね。たとえ連絡先を交換していなくても、共通の知人がいたり、たまたま偶然に会ったりして必ずつながる。だから、安心して連絡先も消しているよ（笑）。

男の人も同じで、執着することはないね。男の人が離れてしまうことで悲しいのは、たいてい「離れていかれると、自分の都合が悪いから」であって、決して相手のことを考えた結果ではないと思う。自分が寂しいから別れたくない。自分が大変になるから別れたくない。そんな思いで引き止めているなんて、相手に失礼でしょ。

いなくなってしまうことで、一時的に悲しくなっても、それはまた新しいものが

入ってくるサインでもある。だから、悲しいという感情が湧いてくるのは仕方ないけれど、いつまでもウジウジと過去に翻弄されることは時間の無駄。新しいエネルギーが入ってこれないようにもしてしまうし、相手と楽しめたことに感謝して次に進むほうが、エネルギー的にも高まるに決まってる。

正しい恋は苦しくない。ただ、楽しいもの

そもそもこの世界は自分でつくっているのだから、彼が離れてしまうというシナリオさえも、自分がつくっている。そしてそれは間違いなく、幸せに向かうプロセスの一部。周りの人たちが〝彼に執着してしまう〟と悩んでいたら、私は聞くの。「もしその彼と同じ長所を持った福山雅治さんがあなたを口説いてきても、あなたは彼を選ぶ？」と。そうしたら99％の人が「福山雅治さんを選ぶ」って答える。たまに何を血迷ってか、「彼がいい！」なんて言う人もいるけど、それはまさに周りが見えない状態。いざ目の前に福山さんがいたら、１００％福山さんを選ぶはず（笑）。

ということは、好きなのは〝彼〟ではなく〝彼の長所〟のほうだよね。そして**彼以**

上に素敵な人が、この先現れるか不安だから彼に執着しているだけってこと！　そのことに気づけたら彼と同じ長所を持ち、さらにもっと素敵な部分を併せ持つような男性を理想の人に設定すればいい。手帳に書こう！　びっしり自分が望む相手の条件を。

恋って楽しいものであって、苦しいものではないよ。もし苦しいのであれば、それは〝苦しくなるような考え方〟をしているから。もしくは、あなたを苦しませるような相手を選んでいるから。好きな人ができたら、女磨きにも気合いが入って、毎日が楽しくなるでしょ？　それが正しい恋の仕方じゃないかなぁ……。

あとね、一応念を押しておくけど、彼にフラれて、もしくは執着して、お酒を飲んで食べて太っている場合ではないからね!!　そんなことをしたって、自分が喜ぶわけじゃないよね。私は、女に生まれてきた時点で、「女磨きを一生続ける」という義務を背負っていると思っている。

今の相手よりいい人と付き合いたかったら自分を磨けばいいだけだし、相手からフラれてしまっても自分を磨けばいいだけ。むしろ、**自分を磨くこと以外にすることはない。**外見美も内面美も、エネルギーも磨かないといけないのが私たち女。だから、満足できない相手に執着している場合じゃない！

11 できる女性ほど、たくさん甘えよう

甘えられなくて、一人で抱えてしまって、無理をしている女性を私はたくさん見てきた。そんな人たちを前にすると、「どうしてそんなに頑張るの？　もう無理しなくていいよ」ってハグしてあげたくなる。強がりな女性は、いろんなものをたくさん抱え込んでいる人が多いよね。そして〝できる女性〟であることも多い。自分でなんでもできてしまうから、頼ることもないし、できてしまうからこそ、周りに頼られて、期待に応えるためにどんどん強くなっていく。一生懸命頑張っていても、男の人は知ってか知らでか、か弱いフリ（？）をした良い女に惹かれてしまったりするから世の中不公平です……(笑)。

心当たりのある人は、もうこの辺で無駄に強がりな自分とサヨナラしてもいいいんじゃないいかな？　これまでは強くいることに自分の価値を感じていたかもしれない。

でも、強くない頼りない自分でも価値があるとしたら？　絶対に愛されるとしたら？　もう無理する必要はないよ。

甘えられない人は、これまで我慢していたことをどんどん手放していこう。周りに「できない」「助けてほしい」って言ってみよう。すごく小さなことでいいから弱い自分を周りに見せるところから始めるの。だって女だもん！

自分のことを女だと受け入れていない人は、甘えることに抵抗を感じるかもしれないね。これまで男っぽく周りに振る舞ってきたのに、急に女らしくするのは難しいかもしれない。でも、本当は「女の子でいたい」って心のどこかで思っていないかな？　男と張り合いながら社会で生きていると、女は疲弊していく……。

私は、女には女の良さがあって、男には男の良さがあると思ってる。男女を差別するわけじゃなくて、女として生まれてきた意味があると思うから。

女で生まれてきたなら、とことん女を楽しみたいと思う。女って原因不明に泣き出したくなる時や、どうしても一人でいたくない夜もあるでしょ。そんな時は周りに甘えてとことん緩めていこう。周りはあなたが思っている以上に、あなたのことが大好きだから。

12 どんなに好きになっても相手より自分を優先する

つらい恋の経験、私だってないわけじゃないよ。もはや記憶も途切れ途切れになっている20代の前半。確か恋に泣いていた……と思ったけど、よくよく考えると恋に泣いていたのではなく、彼に振り向いてもらえない自分に悔しくて泣いていた！(ガーン)

気を取り直して、つらい恋を思い出してみよう。……うーん、思い出せない！(ガーン、ガーン)。なぜ？……と思ったら、私は**少しでも自分がつらくなると察知したら、即その人と別れる**からだった。その測定器はかなり敏感で、数回自分が満たされなかったらすぐさま発動する。

たとえば、私は自分が話したい時に話せる人が好きで、それが叶わないと悲しくなる(いや、それはかわいすぎるな。本当はイライラするんだった)。そして、その思いを相手に告げて、それでも改善の見込みがなかったら即サヨナラをする。そこに感情は挟まず、いたって冷静。だって無理を言ったって相手が変わるわけではないし、我慢してまでその人と一緒にいたいなんて私は思えないから。男の人はたくさんいるし、もっと自分と合う人を探そう〜♪（むしろ新しい出会いのほうがちょっと楽しみになったりして）という結論に至るの。だから、思い出せる範囲ではつらい恋愛をしていないのだと思う。

恋に泣いている周りの女性に話を聞くと、「最初は男性から追いかけられていたのに、だんだん自分のほうが好きになり、最後は彼からフラれてしまう！」という経緯をたどっている模様。「好きって言ったじゃない！」という昼ドラのような展開だったのかなぁ〜と心中をお察しするけれど、そのパターンにはまってしまう人は、**付き合い始めてからどこかの段階で、「自分＜相手」になっていったのだと思う。**

口説かれている時は警戒心もあって、なかなか心を開かず「自分＞相手」だったのに、一緒にいればいるほど好きになってしまい、嫌われたくないあまりに相手を優先したりしてね。

それはもうダメになる典型的なパターンだよ！　嫌われたくないと思えば思うほど

嫌われてしまうのは、自分の意識の矛先が「嫌われる」に向いて、「好かれる」ことよりも強く考えてしまうから！　そんなことばかり考えていたらエネルギーも落ちていき、本当にフラれるという展開に転がってしまうよね。

嫌われたくない気持ちが強くなってきたら、さっき言ったように「男はしめじ！男はエネルギー体！」と呪文のように唱えること（笑）。

つらい恋はしないと決める

そして**自分に集中することが大事。自分が楽しいと感じること、気持ち良いと感じることを思いっきりするの**。

私は仕事で疲れたら（恋愛じゃなくてごめん）、真っ先にマッサージに行く。そして美容室にも。髪を綺麗にしたら、気持ちも前向きになれるから、私にとってはパワースポットのような場所。そのあとはホテルラウンジで赤ワインをいただいて、完璧に復活!!

しょぼいマインドの自分なんて、自分が見たくないの。自分を大事にして、いつだって全力で走っていたい。つらい時こそ、自分がいい女であること思い出す。そして、マインドを立て直して自分軸で選択する！

つらい恋を断ち切る時もそうだよ。**相手がいることで、ハッピーな時間よりもつらい時間のほうが多いなら、その恋は邪魔なだけ。自分のエネルギーを下げてしまうような相手は、即削除。**自分のためにも相手のためにも、つらい恋はしないと決めるの。

私はね、そういったイレギュラーなトラブルにこそエネルギーを高く保てるかを試されていると受け取っているよ。上手くいっている時って、勝手にエネルギーが高まるでしょ。本当にエネルギーを高める必要があるのはそういう普通じゃない時の方。だから、受けて立とう逆境！という感じ。

恋愛なのにまるで戦いみたいだけど……。女には戦わねばならない時がある！

自分の価値を恋愛で測らない。
もし実らない恋があっても
それは相手に見る目がなかっただけ！

正しい恋の見分け方は
恋している自分が好きかどうか。

第4章

夢を叶えるには“マインド”から変える

01 マインドを変えて、エネルギーレベルから理想の自分になる

マインドっていうのは、自分の〝心のあり方〟のことなんだけどね。マインドを変えると自分のエネルギーも一気に変わる。

女優さんでも、「私は大女優、大女優……」と自分に言い聞かせてマインドコントロールして、舞台やドラマに出る人もいると聞いた。私もそれと同じで、経営者として、クリエイターとして、「自分はできる！」って何度も言い聞かせている。

そして、マインドをコントロールした上で、仕事に向き合ったり、創作活動をしたり、ビジネスを考えたりしている。**最短で成長したい私にとって、マインドスイッチの切り替えは、欠かせない**ものなんだ。

それはなぜかというと、マインドを変えることで自分自身のエネルギーレベルが変わって、自分の考えや言動、さらにはアウトプットの質までも、変化していくからな

んだよね。いつもの自分で書く文章と、〝私は世界で活躍するブロガーだ！〟と思って書く文章は、別人級に変わる。内容も質も、どっちがいいかなんて一目瞭然！

マインドを変えて書いた文章のほうが、良い内容（つまりは読み手が面白いと思うもの）を書ける。

そしてね、これは本当に最近思いついたマインドの高め方なんだけど、文章を書く時に「私の言葉が世界を変える」って考えるの。そうすると、すごくやる気になることがわかったんだ。

世界を変えるなんてよく言えるね〜って思ったかもしれない。でも私は、言葉で人の人生を変えられると思っている。それは、日本人だけではなく、外国人でも。だから世界中の人が「元気になれた！」って思ってもらえるような言葉を、私は紡げる人になりたいんだよね。

「私の言葉が世界を変える」、そう口にするだけで、体の奥から熱いものを感じて、世界中の人に影響を与えられる人になった気持ちになれる。

習慣を変えるより、マインドを変えてから行動を

文章だけではなく、他のことも同じ。いつも理想の自分になりきって行動してきた。ダイエットもモデルになりきって行動したことで、2、3ヶ月で4キロ痩せた。ビジネスも、成功している人になりきって行動してどんどん上手くいった。

そのときのポイントは、**まずマインドを変えてから行動すること。マインドが整っていると、行動も発言も選択の基準も、全部変化していく**んだよね。

マインドを変えて別人になるようなことは、みんなも体験したり、見たり、聞いたりしていると思う。学生の時に、リーダーや代表になった途端、別人のようになる人はいなかったかな？　おとなしかったはずなのに、急にリーダーシップを発揮したりして。学生の頃ではなくても、何かのきっかけで急に真面目になる人もいるよね。

私の弟も祖父の死をきっかけに、たくましく頼りになる存在になった。それまでは、どこかフラフラしていて、仕事も〝させられている〟ような様子だったんだ。憂鬱そうだったし、サボったりしていたし。

それが今は、自分から考え行動していて、仕事にも意欲的になったの。祖父の死というものを通して、弟の中でマインドが変わったんだと思う。いつだったかポロっと「自分が祖父の代わりにならないと」って言ってた。

弟のように、何がきっかけになるかはわからないけど、マインドが変わると過去の自分なんて関係なく、新しい自分として未来を選択できるようになる。習慣が人をつくるとよくいうけれど、私は習慣が先なのではなく、その人のマインドが先に変わって、その結果行動が変わって、習慣が変わっていくほうが、結果が出るのが早いと思ってる。

マインドを変えるって目に見えないことだけど、内側が変われば、それは世界に反映する。**理想の自分がハッキリしている人は、今この瞬間から理想の自分になったように行動してみよう。**すると、その瞬間から自分のエネルギーは変わるから。理想のマインドを維持することは確かに難しいけど、今この瞬間に理想の自分になりきるだけだったらわりと簡単でしょ？

そしてなりきったら、何でもいいから行動してみるの。

・理想の自分になりきって友達と話す
・理想の自分になりきってアウトプットする
・理想の自分になりきって服を選ぶ
・理想の自分になりきって足を運ぶ場所を変える

こんな感じでなんでもいいので試してみてほしいな。**理想と現状がかけ離れている人であればあるほど、今まででではありえないような選択になっていく**と思う。

その結果、「まだ理想の自分ではないから無理！」と思って、選択できないかもしれないけど。そうだったとしても、それがめっちゃ大事なんだよ！ **理想の自分に最短最速でなるには、今までとは違った行動をしなくてはダメ**だから。自分のエネルギーが理想の自分と同じになった時、これまでずっと願っていたような現実が引き寄せられてくる。周波数が一致するわけだから、叶うのは当たり前でしょ。

ちなみに私は、「私の言葉が世界を変える」という言葉が、切り替えのサインになっているけど、マインドを変えるための言葉を決める時は、他人が聞いたら意味がわからない言葉だったとしても、自分が理想の自分になっている気になれば大丈夫だよ。

02 シンクロに気づこう

理想の自分になるためにマインドを変える。そして、理想の自分になったつもりで行動する。そうすると、「ちょっと待って〜!!」と言うほど、どんどん環境は変わっていくんだよね。あまりのスピードに自分が置いていかれそうになるくらい。

その流れをたどってみると、**まず今の現実が破壊され始めて、新しい情報がバンバン引き寄せられてくる**の。ここまで読んでくれた人なら、それがなぜ起こるのかわかるよね?(いや、わかったって言って! 笑)。

それは、自分のエネルギーが変わることによって、引き寄せられるものが変わるから。なりきった自分の周波数と近い周波数のエネルギーが集まってくるから、これまでの現実では、ありえなかったようなことも起こってくる。

最初はその変化に戸惑うかもしれないね。急に友達が離れていったり、電化製品が壊れたり（これよくある）、お金がなくなったりする。現実が変わることで思わぬ出費や、これまでの収入源がなくなったりすることもある。そうなるとやっぱり「大丈夫かな〜〜？」と思いがちだけど、大きな変化は自分が変わっているからこそ起こること。その調子でどんどん現実を壊していってオーケー！

理想の自分と現実の自分のエネルギーが一致してくると、シンクロニシティ（以下シンクロ）**なるものも起こりやすくなる。**シンクロは、偶然の一致みたいなもの。たとえば、昔の友達を思い出して「元気かな〜？」と思っていたら、その友達から数年ぶりに電話があったとか、欲しいなぁと思っていたものが偶然にプレゼントされたりとか……。

私によく起こるシンクロは、考えていたことと全く同じことを誰かが口にするっていうもの。シンクロが起きた時は「こっちでいいってことなんだな」ってとらえているよ。〝こっち〟というのは今進もうとしている方向のことね。理想通りの方向に進んでいるよ〜っていうサインだと受け取るの。

とくに、新しい決断をした時はシンクロが起こりやすい。今までの自分だったら選ばなかったことを、理想の自分だったらどうするか？を考えて選んだ時、まるで後押ししてくれているかのようにシンクロが頻繁に起こるんだよね。最近ではシンクロが起きると安心するの。理想通りに進んでいることがわかるから。

希望通りの家を引き寄せたシンクロ

この間もね、大きなシンクロが起きたんだ。それは自宅にするマンションを探していた時のこと。数ヶ月くらい、次に住むマンションを探していたのだけど、なかなかピンとくるところがなくて時間がかかっていたのね。私は環境を大切にしているから、前の自宅のエネルギーが今の自分には合わなくなっていることをすごく感じていて、早く引っ越したくて仕方なかったの。だからいつも情報を探していた。不動産会社の人にも「いい物件があったら、すぐに連絡ください」ってお願いしたりして。

そんなある日、偶然に知り合ったある経営者さんから、「○○っていう町はいいよ。落ち着いて緑もあるからジョギングもできるよ」と言われてね。その町は条件が整っていたにもかかわらず、なぜか視野に入れていなかった場所だったから「○○っていう町、調べてみようかな」なんて答えていたんだよね。

で、その翌日に不動産会社から届いたメールの題名に「○○町の物件資料です」と書いてあって、その町がまさに、前の日に教えてもらった町だった。その時私は、「シンクロだ！　多分ここに住むんだ」って資料に目を通す前に思ったの。そして資料を見たら予想通り！　完璧すぎる理想のマンションだった。

即、不動産会社にメールをして内見の予約をしたよ。実はここでもプチシンクロが。メールをした週は、私のスケジュールがパンパンで、翌日か、3日後しか空いていなかったんだ。さすがに翌日は厳しいと思ったから、不動産会社には「3日後にお願いしたい」と送ったのだけど、返事には「3日後は管理会社がお休みのようで、今週ですと明日が空いているそうです。急で申し訳ありません」と来ていたの!!

私が希望してたスケジュールにぴったり合うことになって、すぐに内見をすることになった。実際に行ってみたマンションはやっぱり完璧に理想通りで、その場で契約した。

シンクロってすごく不思議だけど、気にしてみると意外に起きてる。**シンクロが起こると、理想に近づいているって**思えるから心強い。

シンクロの他にも理想の自分に近づいているよ、っていうサインはたくさんあって。

新しい情報を得る、新しい出会いがある、新しい気づきが起こる、などがあると、理想の現実に変化している証拠。変わることは未知なるステージに行くことでもあるから誰でも怖いと思う。でも、それを楽しく受け取ることでエネルギーも高めていけると思うな。

03 現実化を速める方法

理想を現実化させるスピードを、もっと加速させる方法はないのか知りたいよね？

実は、あるの!! どうやって加速させるのかというと、それは**「決めること」**。

決めるまではクヨクヨしていても決めたらもう迷わないでしょ。突き進むしかない。

もうそっちの方向に行くって覚悟することが、私のいう「決める」なんだよね。


決めると、その瞬間から素粒子の位置が固まって未来がつくられ始めるのね。**いわゆる引き寄せが始まる。そしてタイムラグを経て現実化する**のだけど、決めていないと素粒子は定まらず、無数の未来がある状態のままなんだ。

Aの未来とBの未来があって、本当はAの未来に行きたいとするじゃない？ でも、まだ不安もあるし自信もないし、やめておこうかなぁ〜と思っている時は、Bの未来に向かっているかもしれない。

でも再度「やっぱりAだ！」って思ったら、またAの未来に向かうことになる。そうやってどっちつかずになると、未来が現実化しそうでしない状態になっちゃう。神様がいたら、きっと「どっちやねん！」って突っ込んでくると思う（笑）。

だから、決めるってことは、未来を確定させることともいえる。私自身の体感としても、「決めること」でシンクロが頻繁に起き出す感覚がある。

決めたら必ず変化は起きるから。理想の自分になるための条件なんてなくって、**今どんなに理想とかけ離れていても、「決める」ことで未来は変化して現れ始める**よ。

そして私もよくあったのだけど、「決めたはずなのに、どうしても迷ってしまう！」という時は、まだ決めるタイミングではないのかもしれない。

いくら決めることが大事でも、自分がモヤモヤしているままじゃ意味がないよね。そんな時は、いったん手放してエネルギーを上げることに専念するの。そしたらなぜかふと答えが決まったりするんだ。エネルギーレベルが変わると考え方も変わるから。

自ら積極的に悩みから離れてみるのもありだね！

04

夢へのプロセスを楽しめなければ本末転倒

夢や目標が、どうやって叶うのか不安になる人もいると思う。たどり着く方法は最初からはわからないし、わからないからこそ、マインド設定が重要になるんだけど。「理想の自分になるためには努力も必要なんでしょ？　はぁ〜（ため息）」と思い込んでいる人は、この項をじっくり読んでほしい。「努力」といっても私は無理にしているわけではないし、ストレスフルで続けているわけではないの。むしろ嫌々やっているようなものは習慣にならないから、工夫しないと続かない。

理想の自分や夢っていうのはある意味「ゴール」なわけで、ゴールにたどり着くためのやり方はみんなが思っている以上にたくさんある。私も最近になってようやくそのやり方のバリエーションが豊富になってきたところ。やり方のバリエーションを多く持つと、どんなゴールに対しても前向きに楽しく取り組んでいけるんだよね。

たとえば、私はあまり人との交流を求めないタイプだから、一人で完結するようなやり方が自分に合っているのね。もちろん会社のスタッフとの打ち合わせは最高に楽しいのだけど、初めましての人と会うのは苦手なんだ。私が実行している努力と呼べるものも、ほとんど一人でできることだらけ。寂しい女全開なんだけど、もし人と交流することが大好きなのであれば、私と真逆のやり方を選んだらいいと思う。できるだけ人との関わりを多く持って、取り組んだりね。

そのために〝チームをつくる〟のもいいし、〝ブログでプロセスを公開して読者さんと交流する〟というのでもいいと思う。自分が〝このやり方だったら結構楽しいな〟って思えることだったら、それを続けることが楽になるでしょ？

私のやり方は私だから効果があるものであって、それがみんなに有効かというとそうではないんだよね。それは、みんなのやり方でも同じ。自分だけのオリジナルのやり方を知ることがとっても大事なの。

ここで私の例を紹介するね。私は講師をしているのだけど、人に教えるためにはテキストを完璧につくらないといけないと思っていたのね。

実は、私はテキスト作成が大の苦手で、いつもストレスを抱えながらつくっていたんだ。でも、よくよく考えてみると、講師としての私のゴールは「みんなにわかりやすく伝えること」であって、テキストを上手につくることではないんだよね。もちろんテキストが見やすいのは最高だけど、テキストが最高でなくても、受講生が深い学びを得ることができたら、それはそれで結果オーライなわけで。

そのことに気づいて、テキスト作成は諦めた。その代わり話す時間を多く取って、メモをしてもらうように工夫したの。私は話す時、まるで言葉が降りてくるような感覚になることがある。その結果、話が飛び飛びになってしまうのだけど、その飛び飛びで話した内容が、まさに受講生が聞きたいと思っていた内容だったりすることが多くある。それがとっても受講生に好評だったの!!

そして私のゴールでもある「わかりやすく教える」が叶う結果となった。

ゴールを設定したら、どんな楽しい方法でたどり着こうかなって、たっぷり時間をかけて考える。**人生っていうのは、プロセスそのものだから、そのプロセスを楽しめないと人生も楽しくなくなる。**

それに最悪、ゴールにたどり着かなかったとしても、プロセスが楽しめたらそれはそれで後悔はしないと思うんだ。反対にいっぱい我慢してそれで叶わなかった時の絶望感は、考えただけでも恐ろしいよね。

今この瞬間も人生を味わい尽くして楽しもう！

05

不安になる、ためるは危険

マインドを設定して、行動も少しずつ行なってみて、それでも変化がなかったら、だんだんと不安になるよね。

でも私は、不安な人に対して「大丈夫だよ〜」と簡単に言っている人に疑問を感じる。だってそれ多分、大丈夫じゃないから！

「不安」にフォーカスしていたら、不安が現実になるに決まっている。だから軽々しく「大丈夫だよ」と言うのは嘘になると思うんだよね。

数秒考えたくらいでは影響はないかもしれないけど、1日中不安でいるとかは怖すぎる！　その間にどんどん不安が現実化するから。直ちに自分のエネルギーを整えたほうがいい。

私も少し前は、不安な人や悩んでいる人、ネガティブな人を一生懸命に励ましていたのね。でも、今はもう励ますことをやめた。全て最善！　全てパーフェクト!!

たとえ、ネガティブな人であっても、それを選択しているのは自分だから。私は、高いエネルギーの人たちとだけ、時間を一緒に過ごしたいと思ってる。**今いつも一緒にいる人たちは、未来に不安がない人ばかり。落ち込むことはあっても、自分のことも私のことも信じている**んだよね。

だから一緒にいると、とっても心地良い。会社を経営していると、問題はいろいろ浮上するけど（経営だけでなく人生って問題の嵐）、そのたびに自分に言い聞かせてる。「なんら問題はない！」って。それはたとえるならこんな感じ。

「ミスが起きました」
「なんら問題はない」

「お客様が集まりません」
「なんら問題はない」

「体調不良になりました」
「なんら問題はない」

「会社をクビになりました」
「なんら問題はない！」（笑）

不安になると不安をつくる

私の人生は、全てがパーフェクトに起きていて、今問題だと思える出来事であっても、あとになって思えば良かった出来事になると思っている。それはもう確信レベル。しかも気づいたの。**悩んでも悩んでいなくても、起こることは起こる**んだって。だから「問題は起きることもある！」とわりきって、不安なことをずっと考えるのはやめたんだ。今では、「悩む行為は暇人がすることでしょ？」が私の口癖になるほど、強気です（笑）。

〝不安な人〟というのは、まだ起きていない問題を、自らつくり上げているのと同じなんだよね。〝不安〟というエネルギーの力で、現実をコネコネして形づくっている感じ。

不安だなぁ……(コネコネ)。
怖いなぁ……(コネコネコネ)。
上手くいかないかもしれない……(コネコネコネコネコネ！)。
はい！　現実化！　みたいな。
怖いでしょう!?

ちょっとの問題や不安は、すぐに追い払っていくことが大事。先日ブログの読者さんから、こんなメッセージがあった。
「このままでいいのだろうかと悩んでいて、ゆきさんのＬＩＮＥ＠を読み始めました。新しい毎日をつくっていると思いながら毎朝読んでいたら、私は、起きていない、不安になることばかりを考えて、不安な未来をつくろうとしていたのかもしれない!?と気づいたんです。それって怖いな～と思って不安になることをやめました」

おめでとう！　素敵な気づき！

本当にその通りだよね。不安になると不安をつくる。

「こうなったらどうしよう」

「ああなったらどうしよう」

と、考えることのほうが怖いことなんだよ。

それに、ため込んでしまうのも要注意だね。**平気なフリをしていても、頭の片隅で不安を抱えていたらそのエネルギーに引き寄せの法則が働く**の。それはまるで、コンセントに挿しっぱなしの充電器状態！　充電していなくても少しずつ少しずつ電気を消耗しているでしょ？　完全に電気を止めたかったら、コンセントの元から切らないと。

不安も同じ。元気なつもりでも頭のどこかによぎって、ちょこちょこ不安になったりするのなら、解決させるか、行動するか、諦めるかしないとね。

それでもダメだった時だけ、不安が頭の片隅にあってもいい。私はそう思ってるよ。

06
夢はストイックに追いかける！

私が一番ストイックさを発揮するのは、夢の追求。一度「これやりたい！」と思ったら、貪欲に追求する。そして、必ず叶える！　絶対絶対叶える!!（笑）

そこに妥協も不安もなくって、ただただやり抜くのみ。もちろんプロセスが100％楽しいことばかりじゃない。たとえば、本を書くということもすごく大変なこと。やる前は「書くのが大好きだから大丈夫～。作家は私に向いてる～♪」なんて余裕だったのに、いざ書いてみると構成とか、書く内容とか、ブログとはまた違って難しく、正直愕然とした……。そして、作家さん全員に尊敬しかなくなった。

でもね、ずっと叶えたかった出版という夢、それを〝大変だからやーめた！〟って終わらせていたら何も始まらない。**大変なのは承知の上で、そこからどう楽しむか？エネルギーを落とさずにどうやり続けるか？によって、自分のエネルギーレベルが変**

わり、**人生の質が変わる**んだよね。
苦しい時や限界を感じた時に意図的にエネルギーを上げるのはとても難しい。この時に嫌々でも続けるか、やめてしまうかが、多くの人にとっての選択肢だと思うのだけど、私はね、嫌な気持ちのままやり続けることがないようにしているの。そして、どうやったら楽しくなるだろう？って常に考え続ける。

結局、私が本を書くことを楽しむために取った行動は、まず夢が叶った時のイメトレをひたすら行なうこと。私の本で、多くの女性が泣いて笑って人生を前向きに考えるようになってくれて、私も出版記念パーティーで泣きながら挨拶をしているところをずっとイメージしているの。

イメージだけで俄然やる気になるんだけど、それだけではなく物理的にも他の仕事を手放して、時間的な余裕をつくった。そして自分のエネルギーが高まる方法を実践した。

お気に入りの曲をスタートさせて、踊りながら歌いながら書いていたりする。時には口パクモノマネも加えて、エアギターならぬエアピアノも演奏したりして！

そんな姿、絶対に誰にも見られてはいけないホラー映像なんだけど（笑）、そうやって気分をノリノリにしながら取り組んだら、私は楽しみながら書けるようになったんだ。愕然としていた最初が懐かしいほど、今は本を書くことが楽しくなった。

自分で本を書くとなると、嫌でも文章と向き合うことになるよね。そこで「嫌だな」と思いながらやるのとノリノリでやるのとではエネルギーレベルは雲泥の差。

そういう小さな感情の変化を、私は絶対逃さないようにしているんだ。

どうやったらエネルギー高くい続けられるのか、日々研究してみよう。

07 出会いもトラブルもエネルギー次第で変わる

マインドを変えてエネルギーが変わると、人生の質が変わると同時に人生に登場する人物も変化する。それは、新しい出会いであったり、同じ人物であっても別人のように変化していたり。

私は自分のエネルギーを高く維持するようになってから、出会う人のレベルが恐ろしく変わった。ずっと憧れていた作家さんとも仲良くなったし、ずっと遠い存在だった人たちとも近い関係になった。

たまにね、優秀な人と仲良くなるには、自分も何か突出したスキルを持っている必要があると思っている人がいるけど、それはないよ（笑）。自分がそう思っているから、そういう現実が起こるだけ。優秀な人のそばにも普通な人はいるじゃない？　エネルギーレベルは、能力の差と関係ないんだから。

ある時、仲間が面白いことを言っていたの。「ゆきさんといる時はポジティブになれるのに、○○ちゃんといるとイライラしてしまうんですよね」って。それは多分、私のポジティブ度合いが強いから（笑）。周りを巻き込んでいるのか、投影して私の世界ではみんなポジティブに映っているのか、どちらかなんだよね（笑）。

私のその子へのイメージは「いつもニコニコ」だったから、イライラすることもあるんだね〜！って驚いたの。で、周りにその子のことを聞いても、「わりと厳しい一面もある！」と言っていてね。

その時に思ったの。私の世界に登場している人たちはみんな前向きで優しいけど、同じ人物であっても、他の人の世界の中では、また違うキャラクターで登場しているんだなって。だからやっぱり人それぞれが世界をつくっているなぁって。

しかも、**同じ人物であっても自分のエネルギーが変われば別人級な関わりになることもある**よ。私が経験したのは、プライベートで親しくしていた先輩と1年後に再会したら、ビジネスのヒントをくれる人になっていたということ。

プライベートで会っていた時は、そんなにビジネスをバリバリしている人だとは知らなかったの。今の私だからこそ、先輩もいろいろとアドバイスしてくれたのかもしれないけど、昔知っていた先輩とは本当に別人になった。

みんなも、今あるご縁の中で〝あまり良い人はいない〟と思ったとしても、自分が変わったら、人生を変えるようなヒントをくれる人が登場してくれるかもしれない。同じ場所に住んでいても、エネルギーを変えることで違った景色が見える。違った人と出会える。

トラブルが起きても肝が据わっている人を目指そう

そしてね、これは良いのか悪いのか、**エネルギーレベルに応じて出会う人も変われば、トラブルも変わる。**というか、トラブルだと感じるレベルが変わる!!

私もすごく強くなりまして（笑）、昔はちょっとしたことで泣いたりしていたけど、今は図太くなって、全然落ち込まなくなったのね。トラブルがなくなったわけではないよ。だけど、いい意味でトラブルに鈍感になってきたのは確か。

昔悩んでいたことは、〝嫌われたらどうしよう〟とか、〝お金がなくなったらどうしよう〟とか。今考えると、な〜んでそんなことで悩んでいたんだろ?って感じ(笑)。耐えられるトラブルの大きさが大きくなればなるほど、自分のキャパが広くなったと解釈してる。

とくに、周りの人に影響を与えるようなトラブルって、やっぱり怖いじゃない?失敗したらとんでもないことになって、人に迷惑をかけてしまうと感じるよね。だから、トラブルを受け取る覚悟ができて、さらには〝まぁ大丈夫でしょ!〟って言える人になるには器が広がらないと無理だと思う。私は、そのレベルまで到達したいと思ってる。今、トラブルが起きても「またやり直せるし」と開き直ることができるよ。トラブルが大きければ大きいほど、自分も成長できると思う。**トラブルに対する自分の受け取り方も、自分の成長がわかる、いい指針かもしれない。**

前に人生の先輩が「キャパが広がるといろんなものが入ってくる」と言ってたのだけど、その言葉を思い出した。

トラブルも、キャパの大きさ分が入ってくるってこと(笑)。でも、そのトラブルが入ってきても当人は、「まぁ大丈夫でしょ〜」という感じだろうから、一番心配するのはその人の周りだね、きっと。私の周りのみんなも、心配かけてごめんなさい!

08 絶対に絶対に成功したい？

どんな苦労をしたとしても、どんな犠牲が伴ったとしても、あなたは成功したいだろうか？　ここでいう「成功」とはあなたが決めた夢を叶えること。それが仕事でも、恋愛でも。

この質問に、即答で〝YES〟と答えられる人だけが成功できると思う。成功までのプロセスはいろんなことがあると書いたけれど、**トラブルを乗り越える以前にまず、夢を継続して持ち続けることが何よりも難しい**。他にやりたいことができたり、途中で忘れたりと、夢ってなかなか持ち続けられないんだよね。

私は、ラッキーなことに夢への執着心が半端じゃない（笑）。絶対忘れたりしないし、叶うまで追いかけ続ける。だからこそ、どんな夢でも叶ってきたのだと思ってる。

よく生徒にはこう話す。「もし成功しなかったら自分が死んじゃうなら、もっと必死に夢を追いかけない？」って。そしたらみんな、「まだまだ追いかけられます」と言う。そうなんだよね。結局は情熱。「何がなんでも叶えたい！」という思いで行動したら、もっともっとできることがある。そして、それをみんな知っているんだよね。自分はやればできるって。いつだって120％で夢に向き合っていれば奇跡は起きるし、叶わないことなんてない。

情熱を絶やさないほどの夢が自分にはない……と思うかもしれないけど、私は夢も育てるものだと思ってる。最初のインスピレーションで〝こんな未来いいな〟と思ったら、その夢を膨らませてワクワクして、叶えたい思いを強くしていくの。

情熱を絶やさないために私がしていることは、仲間を巻き込み、夢を共有すること。自分一人の力なんてたかが知れている。だから仲間と一緒に情熱を持つ。そしたら万が一、夢がブレてしまっても仲間が引き戻してくれるから。

それにね、人に夢を語るって自分自身に語っていることと同じなんだよね。周りに言えば言うほど夢への思いが強くなるし、より具体的になってくるの。私は、自分で設定した夢のくせに感動しながら話していることも多々あるよ（笑）。

「絶対絶対手に入れたい！」って思える夢があるって幸せだと思う。

人生は自分にとって
ベストなことしか起こらない。
私たちは幸せになるために
生まれてきてる。

成功へのプロセスは
楽しむことを忘れてはいけない。
だって、夢を叶えた瞬間よりも
プロセスの方が長いのだから。

第5章

好きなものは、最短で手に入れる

01 願うだけで叶うなんて、ありえない！

行動こそが成功への近道。どれだけ行動できるかによって結果にも差が出る。**夢がどんどん叶う人とそうでない人の差はここにある、というよりここにしかない！**（笑）

私はずっとその事実を見てきた。昔から仲が良かった子に、スピリチュアルな世界が大好きな子がいたの。その子は、エネルギーの法則も知っていたのだけど、夢や目標ができても「ただ願うだけ」の人だった。もしかしたらそれで叶ったこともあったかもしれない。でも、本人が望むような世界は全くつくられていなかった。いつも奇跡を待っていて、何も行動していなかった。

夢が現実にならなくても、「なんで夢が叶わないんだろう？」って、またスピリチュアルの本を読みあさったりして……もう依存のレベルだったと思う。

その子と仲が良かった時は「一緒に頑張ろうよ」って励ましながら進んでいたのだけど、だんだんと私のほうに夢が近づいているサインが現れ始めて、私は一人で焦った。「一緒に成長してほしい」って思ったから。だって、ただでさえ友達の少ない私だから、一緒に夢を叶える仲間が欲しかった。常に一緒のエネルギーレベルにいればずっと語り合えるじゃない？

でも、それは勝手な私の都合にしか過ぎなくて。その子はとにかくスピリチュアルの世界にハマり、私はとにかく夢を叶えるために思いつく行動をしていった。

その結果どうなったかというと、その子とは話が嚙み合わなくなってしまった。最後なんて、「ゆきちゃんは、行動すれば成功すると思ってるでしょ？　でも私はそう思えないの」って言われた。

その言葉がショックで、怒りさえ湧いてきた。「なんでそんなこと言うの？」と思って、「誰にでもチャンスはあるよ」って説得したかったのだけど、私の言葉はもうその子には届かなかったんだ。

私は、行動しないと上手くいかないと信じているから、私の現実もそのルールで成り立つ。だから、間違いなく成功しないであろう友達を見て悲しくなった。「夢は叶えるためにある」って思いたい自分がいたから。
その子は夢が叶わなくてもさほど苦しくないのだと思う。

チャンスは一度きりなんて嘘

この本を読んでいるみんなも、本当に本当に夢を叶えたいなら行動してほしい。本当は行動することが億劫で、現状に満足しているフリをしているのであれば、それはそれでいいと思う。でももし、「夢を叶えるために行動したい!」と思うのであれば、まずはソファから起き上がり、今すぐできる夢へのアクションをしよう。

今はゴールが見えなくても、行動が合っているのかわからなくても、エネルギーレベルが変われば自然と叶うようになっている。

チャンスは一度きりではなく、諦めず行動し続けていたら、何回だって訪れる。**そのステージにふさわしい自分になれば、向こうからチャンスがやって来る**のだから。

だから今は、そんな自分になれるようにマインドからエネルギーを変えていこう。

歌唱力は寝ていてもつかないように、夢も寝ていたって叶わないよ。

02

最速で成功したいなら、最速で失敗しよう

早く確実に成功したいあまり、失敗を恐れて進めない人っているよね。

正解を探しているうちにどんどん時間が過ぎちゃって、成功するかどうかさえも危うくなっていたりする。

私は、最速で成功したいなら〝最速で失敗すること〟だと思ってる。考えすぎる前に軽くやってみるの。私は行動力がめちゃくちゃある。思いついたら即、行動する。その中で失敗にすら至らない、もはや思い出すことさえ不可能な行動も無数にあるのだけれど、その中のほんの数個が、成功要因になっているのは間違いないと思う。

理想を設定したら、未来からのヒントはバンバンやって来るのだけど、どれがヒットにつながるものなのかはわからない。だから**ヒントが投げられてきたと思ったら、すぐに打ち返すことが重要**なんだよね。**「これかな？　これかな？」**って、さっと**打ち**

返す。そこで、考え込んでしまってヒントを見送っていたら自分のエネルギーもどんどん変わって理想のエネルギーレベルに行くチャンスを逃してしまう。

成功への一歩も、最初は小さな一歩から始まる。成功が欲しかったら、その一歩を重ねて経験値にしていくしかない。失敗はするものだと心得て走ることだよ。

そしてね、もし、たくさんヒントが見つかってどの選択肢がいいのかわからなくなったら、どれか一つに決めて走ってみるの。ABCの選択肢があって、どれに進めばいいか迷っているとしたら、まずはAの方に走ってみる。

そして「あ、違った！」と思った段階で、Bにシフトする。もちろんBが違ったとなったら、また別のCに向かうのだけど、その時はもうAという選択肢もBという選択肢も消えている。そういうふうに、やればやるほど選択肢が絞られていくよね。だからどんどん正解に近づいていける。

ほとんどの人が「あ、違った！」とはっきりわかる段階まで走れない。それは「間違いたくない」「失敗したくない」「早く成功したい」という思いから来ているんだけど、ハッキリいって、そんなの無理！

失敗するからやり方を変えようと思うし、失敗するからもっと学ぼうと思うし、失敗するから自分自身を見つめ直すもの。だから「失敗＝何かを失うこと」ではなくて、**「失敗＝グレードアップすること」**だと思えばいいんだよね。

失敗はただの通過点

私はいつも失敗ばかりしている……。だからといって落ち込んだりしない。失敗はただの通過点だから。

先日ね、弟に「私が、まさか社長になるとか思わなかったでしょ？」と聞いたら、「いや、むしろこうしかならないでしょ！」と言われたんだ。「姉ちゃんは昔から社長みたいな態度してるやん」って（笑）。

確かに！と大納得。私は昔からやりたいことや、好きなことがあれば周りを気にせず進んできたし、偉そうだった。そこで周りの違った意見が聞こえても、あんまり左右されることはなくて、自分のやり方で自分の思うように進んでみて、自分が痛い目を見て「違った」とわかったら、方向転換をしてきたの。

だから、「失敗するまで走る！」というのは、私にとって当たり前のことになってる。進む道はこっちでいいんだろうか？といつも揺らいでしまう人はやりきっていないだけ。**「あ、違った」と明確になるまで走ったら、おのずと次の選択肢が決まってくる**はずだよ。

迷ってる時間すら惜しいこの人生。もっと本気でやり込むべき！

私たちは楽しむため、幸せになるために生きている。一度決めたら「あ、違った」と気づくまで、意見を変えない強さも必要だと思うな。

03

ブレさせるものは、私の世界から即排除する

どんなことが起きてもブレないで行動することが一番だけど、自分がブレてしまうとわかっているような環境をつくらない工夫も大事だよね。

たとえば、ダイエット中なのに、わざわざデパ地下に行ったりするのは危険だと思わない？　美味しそうなお惣菜や、かわいいケーキを見てしまったら……それは誘惑に負けてしまうよね。見なかったら我慢できるのに、見たら我慢できない、というのはよくあること。だから自ら、意志力を試すような状況はつくらないほうがいい。

私は朝のトレーニングを継続するために、起きてすぐにウエアに着替えるの。でももし目の前にウエアがなかったとしたら、トレーニングへのやる気も一気に損なわれて「今日はもういいかな」なんて思ってしまう。あわよくばトレーニングを休みたい

ものだから、何か言い訳を見つけて逃げてしまうんだよね。

だから今は、寝る前にウエアを机の上に用意しておく。そしたら言い訳を言いたくなるような状況はなくなるから。私は自分が言い訳の達人であることを自覚しているからこそ、言い訳できない環境をつくってきた。準備万端だったらやるしかないもん。


環境でも人でも、今の私をブレさせるものがあれば、自分の世界から即排除する。

ブレてしまって目標を達成できないことは、私にとって〝死〟を意味するから（笑）。

ブレるものには、最初から近づかないようにする。それはね、人でもものでも同じこと。マイナスなことを言って自分の夢を応援してくれない人がいたとするなら（今はもちろんいないけど）、即お別れ決定だね！　どんなに憧れの人でも排除です。

実際にこの間も、大好きだった元彼からご飯の誘いがあった。でも合流できるのは22時過ぎとのこと。18時だったら会ったけれど、22時は私が眠る時間だから迷いなく断った。22時から会ってしまったら、翌日間違いなく起きられない！　それは許せないことだから。私は、他の人が引くくらい〝自分の夢〟が全てなの。自分を犠牲にしてでも優先するくらいね。

とはいえ、そんな私が一番ブレてしまうのになかなか排除できなかったものがある。それは、人でも環境でもなく本。本を読むとそこに書かれている内容に好奇心が働いて、その思いのまま走り出したくなるの。

ビジネス書を読めばビジネスがしたくなり、デザインを見れば絵が描きたくなる。スピリチュアルな本を読めば、なぜだか行動力が薄れる（笑）。だから本の内容に引っ張られたくない時は、本さえも排除する決断をした。ハマるとどこまでもハマってしまう性格だから、読む本も、付き合う人も意図しているんだよね。私はブレる自分が嫌い。だからブレさせないように工夫をする。

女の子によっては、異性との関係でブレてしまったりするでしょ？（私はないけど）。喧嘩したら落ち込んで仕事ができなくなるとか、自分の夢よりも彼との結婚ばかり考えてしまうとか。そういう面倒くさい（あくまでも私の解釈です）関係になれば、私はすぐに排除する。本当に成功したかったら、**マイナスな影響を与える異性にも気をつけたい**。お互いに高め合えるような良い関係が築けたらいいんだけどね。って、あくまでもこの章では、〝最速で成功する方法〟を書いているからね。彼氏がいると成功できない、ということではないことを付け加えておきます（笑）。

04 新しい自分になるために不快と戦おう!

どんなことをするにしても、行動する前の〝億劫〟な感情がゼロになるわけではない。**新しい自分になろうとすると、どうしてもいつもの自分に戻りたくなる働きが起こる。**その力は思っている以上に強力で、頭でどれだけ「本当はやりたいのに」と思っていても、心は拒絶を起こすんだよね。

だから、私はその感情に立ち向かうために「〝**嫌だな**〟**と感じることは、人間らしい誰にでも起こる感情であって、そこからどれだけ行動につなげられるかが成功を左右する**」と思うようにした。すると〝理想の自分になりたい〟という強い思いが、億劫な気持ちを超えるほど刺激されるのだと思う。

今でこそ、こうやって不快な感情を理解して継続し続けているけれど、昔は逃げてばかりだった。朝の運動もそう。昔から何度も試みたことはあったのに、1ヶ月も続かなかった。もっともらしい言い訳を並べて、やらないですむように仕向けていたんだよね。

私が今なぜ継続できているのかというと、億劫な行動も、やり始めると楽にできることを知っているから。しかも、億劫になって他の楽な道を探しても、結局途中からまた億劫になるんだよね(笑)。そのたびにやめてしまっている自分に気づいて、意味がない行動を繰り返しているなって思った。

過去の私もそうだけど、上手くいかない人の多くは、この億劫に勝てなくて逃げてしまう。そんな人を見ると、変わってほしくなっちゃって、「それじゃ上手くいかないって!」と強めに主張したくなる。ただ、そこで負けずに続けている人は、やっぱり上手くいっている。コツコツ続けることの大切さを感じるよ。

その先にあるものは、不快を乗り越えてでも欲しいもの?

私がブログや講座などで「億劫でも不快でも継続しよう!」と発信すると、「それによってエネルギーが落ちるほうが良くないのでは?」といったメッセージをもらうのね。エネルギーが落ちることは確かに避けたいけれど、だからといって億劫なことをすぐに避けるのもまた違う。そんな時に私は、**「プロセスを楽しもう！」と意識して、エネルギーを下げないまま行動する努力をしてる。**前に書いたように、自分のモチベーションが上がることをしたり、違うやり方を試してみたりね。

そして、行動を続けるのか続けないのかの判断基準としているのは、その先にあるものが欲しいかどうか。**不快を乗り越えてでも欲しいものだったら迷わずやる。**朝のトレーニングだってそう。美容と健康のためと、エネルギー循環を高めるために行なっているんだけど、走ることで得られるむくみの取れ方はやみつきなの。スッキリした顔は、絶対欲しいと思う（笑）。

そういうふうに、欲しい理想の自分がその先にあるのなら、継続する価値はあると思う。もし反対に、欲しいものはない、と思うのであれば、やめたほうがいいかもしれないね。大して欲しくないのに、苦しむ必要はない。未来につながる道は自分で決めて自分でつくるもの。〝こっちの方向で合ってるのかな？〟と迷ったとしても、答えなんてないのだから成功するまでやるしかない、というか、成功するまでやる！と決めたら必ず成功しちゃうっていう話じゃない？（笑）

05 早く決断して、早く成功する

成功している人は、人が迷っている間にどんどん行動して進んでいる。そして行動していない人よりはるかに経験値を積み重ねて、さらに成功していく。私は、そういう人でありたいんだ。

そのためには、決断する力がものをいう。

私たちの毎日は決めることであふれている。朝ご飯は何を食べるか、今日はどんな服を着るか、メールの返信をどう書くか、アフターファイブは彼と趣味とどちらを選ぶか……など。挙げ出したらキリがないよね。小さな〝決断〟は、日常的に頻繁に行なっているのだけど、じゃあ、**夢を叶えるための〝決める〟ことはしているかな？**

多くの人は、どちらでもいいような決断はたくさんしていても、大切な決断は後回しにしていると思う。なぜなら、大切な決断をするってとてもエネルギーを使うから。

決断するに当たって考えなければいけないことも多いし、決断するともうあとに引けない感じがするし、未来の見えない感じも怖いよね〜。大切な決断はできれば避けたいところって、気持ちはわかるけど、そう思い続けていると、あっというまに時間は経過していくんだよね。

私は経営者になって、本当に決断の連続になった。大きいことから小さいことまで決断ばかりしているんだけど、この状況で一つ一つの決断に時間をかけていたら、会社はつぶれてしまうと思う。そして、瞬時に的確に、決断できるスキルを身につけるために試行錯誤して気づいたことは**「決断とは捨てること」**。選ぶものじゃなくて捨てるものと決めれば、早く決断できるということだった。

なぜかというと、決断できない理由のほとんどは、「他の選択肢のほうが良いのではないか？」と迷うから。「他を選んだほうが成功するんじゃないか？」「別の道のほうが早いのではないか？」「あっちのほうが楽しいのではないか？」、そうやってグルグル思考を繰り返しているんだよね。

「選ぶ」行為は、「捨てる」行為よりも簡単だと思う。「こっちがいい！」と言えばいいのだから。でも、一度選んだあとに「では、他の選択肢は捨てていいんだね？」って言われたら、迷い出したりするよね。「本当に捨てていいのかな？」なんて自信もなくなったりして……。

捨てるとなった途端に、他の選択肢を手放すことがもったいなく感じたりする経験は、みんなもあるんじゃないかな？　もう着ない服を処分しようという時、いざ自分の元からなくなると思うと「まだ着るかもしれない」って思ってしまう、とかね。つまり、選ぶことより捨てることのほうが難しいんだよね。だから私は、「決めること＝捨てること」だと思って、何を捨てるかを決めることにした。

しかも、今の私の決断方法はさらに研ぎ澄まされていて、**迷ったら捨てる**というまでになった。普通は、迷ったら残しておくとか少し考える、という選択をするかもしれないけど、私の場合は真逆。**迷うということは、絶対に欲しい！というわけではないのだから、いろいろ思考を挟んでわからなくなる前に、さっと捨てる**の。

恋人もそう。お付き合いを続けるか続けないか……迷っている時点でそんなに好きではないと思う。大好きで大切な相手だったら、迷うことなんてないはずでしょ。だからさっと別れる。

ビジネスも同じで、進むか進まないか、迷うものは進まない。上手くいくと信じている状態で進みたいからね。ただ、失敗するかもしれないけど前に進みたい気持ちの時もある。そういう時は、さっさと失敗するためにチャレンジしたりもする。迷っている時間があるなら、早く失敗してまた次の行動に進んでいきたいから。

迷っている時間は思考ばっかり繰り返してしまう。それって私からすると非常に無駄な行為なの。

だから捨てるものを決めて素早く決断しよう！

06

周りから浮くのは、ステージが変わる時

いざ、夢のために行動しよう！という時に、周りに意見を求めると、自分とは逆の答えが返ってきてショックを受けてグラグラ……なんてことになってない？

私もよくやってしまうのだけど、新しい自分になろう、新しい選択をしようと決めても、不安だから周りに賛同してほしくて、無駄に相談してしまったりするんだよね。でも、経験上、そしてエネルギーの性質上、近しい周りの人には意見を求めないほうがいい。**聞いていいのは、自分がこれから向かいたいステージの人、もしくはそのステージを経験したことがある人だけ**（挫折した人は除く）。

身近であればあるほど、まぁロクな答えは期待できないと思っていい（笑）。それはなぜかというと、身近な人は、新しい自分になる前の自分と、同じ価値観や考え方を持っている人たちだから。ちょっと前の自分が思っていたようなことを、そのまま

言ってきたりする。その意見って、過去に自分も思っていただけあって共感する部分もあるから、余計ブレてしまうんだよね。「確かに……」って納得しちゃったり。

新しいステージに行くということは、これまでとは考え方や行動が異なるステージに行くということなのね。いってしまえば、これまでと同じではいけないの。周りからなんと言われようとも、新しい選択をし続けなければいけない。

私は、最近になって**「ステージを変える＝周りから浮くこと」**だと解釈できるようになったの。いかに浮くか？いかにズレるか？を意図的に考えるようにまでなった。今よりもっともっと上のステージに行きたかったら、今のステージに染まっちゃいけないよね。周りが変わらないってことは、自分も変わっていないということだから。

私はいつか海外で仕事がしたいと思っているのね。でも、海外で活躍している人たちって、日本にいたら相当浮くであろう人たち。ファッションもそうだけど、考え方も行動も全てね。そんな人たちと一緒にいたいということは、私も今現在、周りから……というか日本から浮いていなければいけないんだよね。最初は、浮く行動をすることにも躊躇《ちゅうちょ》しちゃうのだけど、慣れたらそれが普通になる。

今の現実から浮きたくないと思っている人は、新しい世界にはなかなか行きにくい。

浮くって勇気がいることだから。

私がおすすめするのは、自分の理想の世界にいる人たちと仲良くなること。それができない時は、ひたすら理想の自分を思い出し、自分をブレさせてしまう人からは距離を置くこと。もちろん相談もダメ。理解してもらおうとするのもダメ（笑）。耐え抜いたら（!?）、新しい世界への道は早く開けるよ！

あなたにとっての成功って……？
その成功は、
たとえ誰に知られなくても、
手に入れたいもの？

第6章

わがままに生きれば豊かになる

01

今〝豊かだ〟と感じるだけで豊かになる理由

「豊かになりたい」と誰もが願うと思うけど、私がまず聞きたいのは、「豊かさって何？」ってこと。豊かさの基準は人それぞれで、**「自分の中の豊かさとは何か？」を知らなかったら、豊かになる方法もわかるはずがない。**

しかも、私はこの本を手に取ってくれた人の多くは、すでに豊かだと思うんだよね。だって、命の危険もなく、安全な日本に住んでいてご飯もちゃんと食べられるって、十分豊かであるといえるから。もちろん「今豊かなんだから、もうそれ以上求めてはいけない」なんて善人的なことは言わないよ。さらなる豊かさを求めるのなら、どんどん求めたらいいと思う。私自身もどんどん豊かさを求めているタイプだし。三度の飯より豊かさが好き！っていうくらい（笑）。

私が思う豊かな生活とは、「選択ができること」。行きたい場所に行ける、食べたいものを食べることができる、欲しいものを買える……。それらが私にとっての豊かさ。

そしてね、ここからがとても重要なのだけど、**エネルギーは今の感情に影響を受け、今の感情が拡大します!!** あなたが今「豊かだなぁ〜」と感じているなら、その豊かだなぁと感じる感情が拡大し、「豊かじゃない、満たされない」と感じているなら、その満たされない感情が拡大するの。だからもし、今「豊かではない」と感じているのなら、どんなに努力してどんなに選択肢を増やしても、満たされないままなんだよ。

じゃあ、「まだまだ豊かになりたい、って思ってる向井ゆきはどうなの?」って疑問に思うでしょ? だって、私は三度の飯より豊かさが好きなんだもんね!

私は、もっと豊かになりたいと思っているからといって、満たされない感情を一緒に抱えているわけではないの。私は、まだまだ豊かになりたいけれど、毎日の生活においては「豊かだなぁ」っていつも感じているんだよね。

もっと具体的にいえば、**「今も豊かだけど、もっと豊かになれたら嬉しい!」という感情**かな。だから、1日の中で感情の統計を取ったら、大半は、「豊かだな」と感じているということだよ。

今この瞬間の感情というエネルギーに、引き寄せの法則が働くでしょ。私は今、豊かさを感じているから、たとえ「もっと豊かになりたい」と言葉にしていても、ネガティブなエネルギーを放っているわけではないということ！　あくまでも、「もっと豊かになれたら嬉しい！」というポジティブな気持ちだけ持っているんだ。

「現状が嫌だなぁ」と感じているのと、「現状も豊かだなぁ」と感じているのとでは、拡大するエネルギーは大きく変わるんだよ。

豊かさを感じられない思考癖とサヨナラを

そしてね、思考は繰り返しているでしょ。だから、今豊かさを見つけられなかったり、他人ばかりうらやむ思考だったら、どんなに環境が変わったとしても、その思考は変わらない。イコール、満たされないことばかり目につく思考を持ち続ける。

思考は短期間で急に変わったりしない。**今この瞬間に豊かさを見いだすことができない人は、その思考の癖を変えない限り、ずっと豊かさは見えないまま**なの。だからこそ、無理やりでもいいから、今「豊かだなぁ」と感じることが大事になる。

過去の私が実践していたことはね、とにかく満たされない現実にぶつかったら、未来をすぐに妄想して、ワクワクするようにしたの。「この服はまだ買えないなぁ」と思ったら、すぐに「将来買えるようになったら嬉しいだろうな♡」ってね。だからこそ、ネガティブなエネルギーが拡大せず、上手くいったのかもしれないね。

02 受け取る豊かさを勝手に制限していない？

「豊かになりたい！」と強く思っている人に限って、「豊かになりたくない」と強く思っている傾向にある。それはたとえるなら、アクセルとブレーキを同時に踏んでいる状態なの。もう無意識レベルで!! **自分では、強くしつこく豊かさを願っているのに、無意識レベルでは「お金はいらない！」と豊かさを拒んでいる**んだよね。

たとえば想像してほしい。見ず知らずの人から急に「100万円をあなたにあげます」と言われたとするでしょ。手渡された封筒には100万円の束が入っていたとして、そんな時あなたはどう考えるかな？　「怖い」「怪しい」と思う人も多いよね。「警察に行かないと！」と考える良心的な人もいるかもしれない。

だけどね、**大きな豊かさを受け取れる人って、突然の臨時収入に対し全開ウエルカ**

ムなの。「わーい、ラッキー！」と思って疑いもなく受け取れたりするんだよね。そこには罪悪感も不信感もなく、「自分ってなんてラッキーなの！」といった思考のみ(笑)。まさに受け取り上手といえるよね。

昔ね、私の友人にいつもセレブな男性に好かれる子がいたの。その子はバッグだったりアクセサリーだったり、たくさんプレゼントをもらっていて、私はそれを見て「うらやましい〜！」と思ったりした。

でもいざ自分も彼に、バッグを買ってもらった時、心の底から喜ぶことができなかった。どこかで「申し訳ない」という気持ちが強くあって、すごくモヤモヤしたんだよね。まるで悪いことをしている気分になった。そして「こんなにモヤモヤするなら自分で買ったほうがいい」という結論に至った。

当時の私は、受け取れるキャパがとても小さかったんだね。無償で何かをもらっても「迷惑をかけたくない」「悪いことをしたくない」と無意識で思っていたの。典型的な受け取り下手だったわけです。といっても、金額によっては、さっと受け取ることができた。数万円レベルなら「やったー！」と喜んで受け取れたんだよね。

みんなはどうだろう？　見ず知らずの人から１００万円ではなくて、１万円をもらったとして、１００万円の時と感情は変わる？　金額が変わった瞬間、案外すっと受け取れるなら、受け取れなかった金額の豊かさは取りこぼしてしまっているということなんだよね。

自分が何かを与えたわけでもなく、もらったものを受け取ることって、実はとても大事だよ。私たちは対価の分だけしか豊かさを受け取ってはいけないと思い込んでいるから。

でも、対価なんて限界があるからね～。思い込みによって私たちは、自分の受け取る量を制限しているの。その制限を取りはらうことでもっと豊かになっていける。

豊かさは無限！　働いている・いない、価値を与えている・いないにかかわらず、めぐってきたものはどんどん受け取ろう。

03
「人間、お金じゃない！」って、お金のない人のセリフです

私なりに豊かになれない人のマインドを3パターンに分解してみた。

まず1つめのパターン。**お金に対するイメージが悪い人。**それは、「お金は汚いもの」だったり「お金は怖い」というふうに、お金自体のイメージが悪い人だね。

お金に対するネガティブな思い込みは、幼い頃に周りの大人たちが言っていた言葉がダイレクトに影響している。「お金は人の縁を壊す」とか「お金を持つと人は変わる」とか、ネガティブなことを周りの大人だけに限らず、テレビなどのメディアが放送しているでしょ。だからそのイメージがこびりついているんだよ。

私も幼い頃は、「お金は怖い」と言われて育ったし、お金を触ったあとは、必ず手を洗うようにしつけられていたから、お金に対して少なからずネガティブなイメージがあったの。

そうやって、**お金に対してネガティブな思い込みを持っている人は、いざ自分がお金を受け取る時に、お金を拒む傾向にある**よ。入ってきても、すぐに手放そうとする人や、ある分だけ使わなくちゃ！と思って浪費する人は、もしかしたらお金への思い込みが原因かもしれないね。

2つめのパターンは、**お金持ちに偏見や否定的なイメージがある人**。お金の話をすることが苦手な人や、お金持ちを見ると「性格が悪いんじゃないか？」「人を騙《だま》しているんじゃないか？」と感じてしまう人は要注意。これもやっぱり幼い頃からの思い込みが原因なのだけど……。

私は、お金の話が昔から好きだった。だけど、周りはがっつり思い込んでいた（笑）。私がお金の話をすると、友達から「人間、お金じゃないよ？」なんて嫌な顔をされたりもしたんだよね。言われたら言われたで、ちょっと凹んでしまう自分もいて……。今考えると私も、少なからず共感するところがあったのかもしれない。

今は、そんな言葉を聞くこともないし、聞いたとしても気にもとめないけど。むしろ「お金と人間の魅力は反比例するものではないし、片方だけしか手に入れられないものではない!!」と言い返せる。

実際に、お金があって人間力がない人もいるけど、お金も人間力もある人だって多くいるの。むしろ、そのほうが圧倒的に多い。だって人間力がなかったら、周りの人はその人にお金を払ったりしないし、協力もしないと思うから。**人望がないと仕事もお金も動かせない**ということ。これはたくさんの成功者と会ってきたからこそいいきれる！

つまりは、「人間、お金じゃない！」と言う人の多くは、お金のない人(笑)。お金持ちはお金の大切さを知っている。お金持ちに偏見を持つなんて、豊かさをすごく否定しているよね。

無意識の自己否定があると豊かさを受け取れない

そして最後、豊かになれない3つめのパターンは、**自分のことを否定している人**。

「自分なんて、お金を受け取る価値がない」と無意識レベルで思っている人。年齢や容姿を気にして、豊かさや相手からの好意を受け取ることができない人。そんな人は、豊かさがめぐってきても拒んだり無視したりするんだよね。すごく高い給与を相手に提示されたとしても、「自分には、この給与に見合った働きはできない」と思ったりするの。

たとえ働いていなくても、あなたは多くの豊かさを受け取る価値がある人なんだよ。それはもう絶対！　とくに向こうからめぐってきた豊かさに対しては、大喜びで受け取ってほしい。自分は自分自身のことを低く見積もっていたとしても、相手はあなたのことを高く見積もっているかもしれないんだから。

04 受け取れる豊かさは自分のキャパ分だけ

豊かさを受け取るには、人それぞれの器の大きさがポイントになると私は思っている。器が大きい人は多くの豊かさを受け取れるし、器が小さい人はどんなに努力しても器の分しか豊かさを受け取ることができない。だから**豊かになるには、自分の器を大きくすることがとても大切！**

この間ね、会社のスタッフと、「今100万円手に入ったら何に使う？」っていう話をしたの。この質問をした時に、即答で使い道が思いつかない人や、使うのではなく「貯金」とか言っちゃう人は、多分その金額以下の器だと思う。なぜかというと、**お金は必要な人のところにめぐってくる**から。言い換えると「器＝どのくらいの金額を使いこなせるか？」ということでもあるの。ここでいう使いこなせるというのは、自分のためでも、人のためでも使う目的がちゃんとあるかどうか。

持っていても持て余してしまうような人のところには、お金はめぐってこないの。私にはほら、月収16万円の生活から今の生活まで成長してきた経験がある。だからこそ、自分自身の器の変化に気づくことができたんだよね。

昔の私は、100万円を使いこなすことができなかった。「今、100万円手に入ったら何に使う？」という質問をされたとしても、車が好きだから「車が欲しい」なんてことは言えただろうけど、実際には100万円では私が好きな車は買えないし(笑)、本当に100万円が手に入ったとしても、車には使わなかったと思う。

みんな、妄想ではあれこれ思いついていても、いざ使うとなると躊躇して使わなかったりするのね。だから現実に大きなお金がめぐってきた時にこそ、自分の本当の器が見えてくる！

宝くじとか一時的に収入がめぐってくることがあっても、残念ながら、器が小さいとそのお金はすぐになくなって、結局いつもと同じ金額しか手元に残らなくなるんだよね。だって急に大金が入ってきても、扱い方がわからないじゃない？　上手く使えないから、使いきったら終わり。残ることはない。残せる人も、せいぜい貯金くらいじゃないかな？　でもそれだったら、お金があってもないようなものでしょ。だって、使えないんだから（笑）。

本当に豊かになりたかったら、器を大きくすることが重要だし、器を大きくするためにも、お金を何に使うか？を真剣に考えるといいよね。

受け取るよりも、まずは「与える」

豊かさって、「自分が出せる量」でもあるといえるのだけど、ほとんどの人の認識って、「豊かさ＝受け取る量」になっている。

もちろんそれもそうなんだけど、「出すが先」って私は思っている。全くもってその通り！　**豊かになりたかったら先に出す！　そうすることで受け取る量も増えてくる。**

受け取ることばかり考えて、出すことに恐れがある人は、そのままでは豊かになれないかもしれないね。

私も昔は、軽々しく「家賃60万円以上の家に住みたい」って言っていた。だけど！

内覧をして契約をして……って実際に考えた時、「コンスタントに毎月60万円がなくなるんだ」って不安になったの。

先に出すってすごくバンジーな体験。エイッと飛び込む勇気が必要なんだよ。お金持ちの家って値段や家賃も高いし、買う物も高いし、出す量が絶対的に多いということに目を向けてほしい。

どこに使うかは人それぞれだけど、いざ出す時は躊躇なく大きな額を出せるのがお金持ち。私たちも、出す金額が増えて、ちょっとドキドキするレベルが高くなっていくといいね。それは、豊かになっている証拠だから。

器の大きさは自分で決められる

器の大きさってね、自分で勝手に決めていいものなの。**今の自分の器は、無意識のうちに周りに影響を受けて決めている他人軸の器。**

私は昔、転職をしようとしていた時にふと、「なんで私は、この給与帯で仕事を探しているのだろう？」って思った時があったの。求人情報を見る時、いつも決まった金額帯しかチェックしていなくてね。もちろん社会的に見たら妥当な金額なわけだけど、なぜそこに疑いを持たなかったんだろうって思った。給与100万円でもいいのにってね！　その疑いを持ったあたりから、自分で自分の給与を決める仕事がしたい、って思ったんだよね。具体的に経営者になるとまでは考えていなかったけれど、自分の努力次第で収入が増える職業がいいと思った。

自分の器を自分で決めたことで、見える世界が180度変わったよ。だって求人誌には、私の希望する給与の仕事はないわけだから。どんな仕事をしたらその給与になるのかを、脳が探し始めたんだよね。

そうやってどんどん自分の器を自分で大きく設定し、現実化させてきた。私はわりと計画的です（笑）。

05 与えることで、豊かさは拡大する

豊かさって、世界には無限にある。**自分が望んだ分、先に世界に提供すればどんどん豊かさは流れ込んでくる**よ。私の話を聞いて、少しでも「器を大きくするには?」「どうやって与える?」と考えるようになった人は、豊かな思考回路が身につき始めているね。いい感じ!!

ビジネスも結局は、「お客さんのために何が提供できるのか」に尽きる。だから〝与える意識〟ができている人は、豊かさマインドに近づいているということだよ。

与えるということを考える時に知っておいてほしいのは、**自分の言葉も、労力も、何かをつくり出すことも、受け取り手がいたら〝与える〟にカウントされる**の。

それはなぜかというと、全てはエネルギーだから。お金も素粒子でありエネルギー

であることはわかると思うんだけど（わからない場合は第1章に戻ろう）、同時に、目に見えないものもエネルギーなんだよね。だって、自分の世界や、周りの誰かに影響を与えた時点で「何かが存在する」ということでしょ。

そして、**多くの人に影響を与えるエネルギーは、自分にも多く返ってくる**んだよね。今たとえお金がない、販売する商品もないという人でも、コネクションなど目に見えないものを「与えること」は可能なはず。

実際に私が成長できたのも、この意識を徹底的に持ち実行してきたから。いつでも基盤は「与えること」にあった。自分はどんなものを与えることができるのか、どんな人にどんなものを提供できるのかを、考え続けているんだよね。

それは、起業する前も今も変わらない問いだよ。与えるものは自分の成長に応じて変わっているけれど、「与えることで拡大する」という当たり前の概念は、私に染み込んでいるんだ。

それに人間って、いろんな人がいるでしょ。姿も形も性格もスキルも全員違っている。それは、全員が「与える」意識を持った時に、誰にもぶつからずオンリーワンに世界に提供できるものがあるからじゃないかな？

現実は、自分ではないものになろうとして「与えるものがない」と思っている人が9割以上なのではないかな。それでも、少しずつ豊かさの意識が高まって、自分には何ができるかを考え始めている人は増えていると思う。

私は、そんなくすぶっている女性のステージを上げていけたら嬉しいなぁ、と思ってるよ。

さぁ！　今から何を与えよう!?

06 玉の輿《こし》に乗れる女と乗れない女の違い

私の5歳の頃の夢は「お姫様になること」だった。その願望は大人になるにつれて進化し、より現実的になって、中学生の頃には「玉の輿に乗ること」になっていた。そして今はまたさらに進化し、「大富豪と結婚する」に変わった！(笑)

そんな私は、〝どういう女性が玉の輿に乗れるのか〟を考え続けて生きてきたのね。テレビや本で学ぶのではなく、実際に多くの富豪夫人と出会って、分析してきたの。その結果、多くのことが理解できた。結局のところ、**玉の輿に乗れるかどうかも自分の器次第だ**って答えに行き着いたのだよね。

自分の器が小さい人は、玉の輿に乗ることは不可能。玉の輿に乗れた女性は、みんな結婚前から大きな器を持っていたんだよ。だからこそ大きな富を受け取ることができた。

そしてね、〝自分で稼ぐ力があること＝器が大きい〟わけではないよ。**玉の輿に乗っている女性って、なんといっても受け取り上手**だと思う。物も愛情もね。それに、**お金持ちと付き合える、価値ある自分であると無意識に思っている。**

私は多くの女性と一緒にいるから、「理想の人（ハイレベルな人）と結婚したい」という相談に幾度となく答えてきた。これまでの相談者の中には、本当に豊かな相手と結婚をした人もたくさんいてね。やはり、「豊かさ器説」は正確だなぁ、と自分でも感心してきたんだよね。

器が小さいままだったら、奇跡的に玉の輿に乗れたとしても、結婚相手の豊かさに関係なく、あなたは豊かになれない。それは、別れということかもしれないし、相手の経済状況が悪くなることかもしれないし、莫大な請求が来ることかもしれない。何が原因かは断定できないのだけど、豊かでなくなることは間違いない。

数年前に、玉の輿に乗りかけた知人女性がいたのね。その人は私が見ても器がまだ小さく、いつも満たされない感情を持っている人だった。でも結婚しようとしていた男性がとても裕福な人でね。一時的には彼女の生活も潤っていたのだけど、なんと半年後！　パートナーが破産し、彼女の玉の輿の夢は砕け散ってしまう状況になったんだ。

相手さえも自分の一部なんだから、自分の器を変えずに豊かになることは無理ってこと。

器が大きい人は、何をしても豊かになる

それは逆もいえる。**豊かさを受け取る器が大きい人は、どんな人と結婚しても自分の器の大きさ分、豊かになる。**パートナーが出世したり、自分の仕事が軌道に乗ったりして、その人が望む豊かさが手に入るんだよね。

私自身、自分は豊かであり続けるだろう、と確信している。それは、今仕事をやめても変わらないと思う。どんな状況になっても、どんなところにいても、何をしても、今の器の分は豊かさがめぐってくるから。もちろん出す量が減ったりマインドが低くなったりしたら、器は小さくしょぼくなり、私の生活も落ち込むだろうけど。

だから、玉の輿に乗ることを目標にするなら、自分の器を大きくすることは必要不可欠であり、それが全てなんだよね。「他人＝自分」だから、他人に幸せにしてもら

おうなんて考えていたら、相手もあなたに幸せにしてもらおうと考える人が寄ってくるの。

自立した良い女になりたいなら、「相手も私が成長させる！」くらいのマインドでいないとダメだと思うな。だから私の口癖は、「誰と結婚してもいい」なんだ（笑）。**どんな相手でも自分のサポートによって、豊かに幸せに成長できると思っているから。**

何度もいうけど、我ながらマインド高し！です（笑）。

07 無駄なものを所有していると、新しいエネルギーは受け取れない

多くの豊かさを受け取りたいと思う時に、チェックしてほしいことがある。それは今のあなたの環境や身の周りは、いらないものであふれていない？ってこと。

物もエネルギー。そして、自分が所有できるエネルギーの量は、器次第。ということは、**いらないものを多く所有している人は、自分の器をいらないもので占めている**ってことなの。大事な自分の器なのに、か・な・り！無駄に使っているんだよね。

知っていた？　お金持ちの人より、貧乏な人のほうが家の中の物の量が多いんだって。私も、それにはかなり同感。お金に困っている人ほど「もったいない」という理由で、多くの無駄なものを所有しているんだよね。いつ着るのかもわからない服や、景品でもらった食器や、捨てるに捨てられないちょっとした高級品などなど。

それらのものは、今すぐ処分するべきだと思う。だってもしスペースが空いていた

ら、本当に欲しいものが入ってくるかもしれないのに！　私からすると、もったいないからと無駄なものを所有していることのほうが、はるかにもったいない行為なんだよね。

私がものを処分する時に基準としていることは「もう一度買うか買わないか」。もう一度買うものはもちろん取っておいて、買わないものは潔く捨てる。それが、たとえ思い出のあるものでも、限定品でも、高価なものでも同じ。迷わず捨てる。

そうやっていつでも自分の身の周りを必要なものだけにしていると、新しいエネルギーがどんどん入ってくる。生徒にも、この断捨離の方法をおすすめしているんだけど、無駄だったものを捨てただけで、新しいものが手に入った人が多くいた。それはお金だったり、新しいチャンスだったり。**空白ってとても大事なんだよ。**

新しいエネルギーは、空白に入ってくる

実は最近気づいたことがある。それは空間と同じで、**時間や脳みそにも空白が必要**

なんだってこと。その空白に新しいエネルギーがめぐってくるのを、私は体感している。空白がなければ〝新しいアイデア〟というエネルギーが入る余地もない。

私が顕著にそれを感じたのが、脳と時間に空白を持ってからだったの。分刻みのスケジュールで行動していた時、新しいことを思いついてもそれを実行する時間がなかった。だから、泣く泣く手放したものが多くあったんだよね。

今はできるだけ時間に余裕を持ち、忙しくなったら誰かにお願いすることを実行しているんだ。そうしただけで、新しいアイデアが湧いてきて、今後のビジネスのスケールも一気に拡大した！

1年くらい前、ある有名な作家さんに、「ゆきはもう少し空白が必要だね」と言われたことがあった。その時は「空白って何？」とちょっと疑問だったのだけど、今になってその人が言いたかったことが理解できる。**「空白」にこそ、新しいエネルギーが入ってくる**から。

過去の私は、時間に余裕ができると成長していない気がしていたの。常に成長したいから、何もしていない時間は後退しているような気がしていたんだけど、それは違った。**あえて空白を持つことで、成長するためのアイデアがどんどん湧いてくるの。**

これまでの自分とは違う新しい何かを受け取りたい時は、自分の周りにも、時間にも、空白をつくってみよう。

08 お金に綺麗も汚いもない

豊かになれなくて困っている人の口癖は、「これはしたくない」「あれは自分らしくない」「そんなことをしてまでお金を欲しくない」「あの人みたいなやり方をしたくない」など。お金の受け取り方をかなり限定しているんだよね。

受け取り方がどうであろうと、お金はお金。価値は変わらない。極端なことをいえば、人を騙して受け取ったお金であっても、お金に「これは汚いお金です」と書いてあるわけではないし、良いことをして受け取ったお金と比べてもその価値は変わらない。騙してでもお金を受け取ったほうがいい、なんてことを言っているわけでは全然ないよ。ただ、**受け取り方を狭めてしまうと、豊かさを遠ざけてしまう**ってことは伝えたい。

豊かになる方法は本当に無限にある。自分でビジネスをすることもそうだし、投資をすることもそうだし、誰かにもらう方法もそう。そのどれを選ぶかは自分次第だけど、「お金を稼ぐ＝自分が働く」だけではないんだよね。

ただそれをわかっていても実行が難しいのは、働いた分だけ受け取ることに慣れているから、他の手段で豊かになれることを信じられないんだよね。それに、いざもらえたとしても、何もせずにお金を受け取ることに罪悪感が湧いてくる。お金を与えてくれる相手に申し訳ないと思っちゃうよね。

私も自分が働いていないと、スタッフに申し訳ない気持ちになるので、社員以上に苦しい思いをすることを美徳としていたの。でも、それはただの思い込みだって気づいた。**「私は働かなくてもお金を受け取る価値がある！」**って思うようにしたんだ。

「お金はあって当たり前」をセルフイメージに

お金って人をダメにするものではないんだよね。先日、何かのＳＮＳで「子供にお金を渡しすぎたらしつけに良くない」というような記事を読んだの。賛否両論あるかもしれないけど、私はお金にくっつく〝思い込み〟をマイナスなものにしないほうがいいと思った。

一般的に、「お金は努力して得るもの」「お金は労働の対価」「お金を持つと人が変わる」なんていわれているけれど、私自身が実際にお金を持てるようになって、それは絶対に正しいわけではないことがわかった。

お金は自分が与えるエネルギーと比例してめぐってくる。お金を持つと人が変わるのは、マインドが変わったから。

どちらのマインドが良いとか悪いとかもないいんだよね。

さらにいうなら〝**お金は人を幸せにできる**〟。これは事実だと思うなぁ。私も自分がお金を持ったことでたくさんの人を笑顔にすることができた。

だからもし私に子供ができたら、常にお金に囲まれた生活をさせてあげたい。お金は「ある」のが当たり前で、お金は使ってこそ価値が生まれて、お金と引き換えにたくさんの「幸せ」を得ることができると教えてあげたい。

そんなことをいうと「お金を与えすぎると、ダメな子供になるんじゃないか」「親に頼りっぱなしの子供になるんじゃないか」と不安になる人もいるかもしれない。

でも私は、それとこれとは、話が違うと思う。子供の頃からお金に囲まれた生活を送っていると、「お金があることが当たり前」というセルフイメージが形成されるでしょ。そして、人はセルフイメージ通りの人生を生きるから、もし「お金がない」状態になったとしても、元に戻す働き（ホメオスタシス）が作動して「お金がある状態」に戻る行動を取るようになると思うのだよね。

私も離婚後、2LDKの広めのタワーマンションから1LDKの普通のマンションへと引っ越しをした時、不快で不快で仕方なかった。「綺麗で広い場所にいるのが私らしい!!」と感じたし、逆にそれが原動力となって、働くことができたんだよね。その結果、4ヶ月後には3LDKの家に住めていた。


あなたが今お金に困っていて、お金を受け取ることや稼ぐことに抵抗があるのなら、親の口癖を思い返してみてほしい。何かしらお金に対するマイナスなことを聞いていたかもしれないから。

もしそうなら、**今日から新たに「お金は人を幸せにできる」と、無意識レベルまで**

浸透させることだよね。
あなたの気持ち次第で、いつからでも豊かになれることを忘れないでね！

09 楽しく豊かになるステージが来た！

私は今、強く感じることがある。それは、**人生を楽しむことができる人のところに、お金は流れ込む**ってこと。楽しいことをしている人の周りには、自然と人が集まるでしょ？　それは、エネルギーが集まるとも言い換えられるし、エネルギーが集まることでお金のエネルギーも集まるんだよね。

それに、楽しんでいる時って今この瞬間に意識が集中しているから、何かを心配したり、未来に不安になったりしていない。その状態って、自分のエネルギーもかなり高い。だから、私は〝思いっきり楽しむ力〟をビジネスに利用してるの。スタッフにも生徒にも〝楽しまないとダメ〟と半強制的に楽しんでもらってる（笑）。

私が毎日「楽しもう！　楽しくないなら上手くいかないから」って言い続けていたら、周りも徐々に「今の現実をどうやったら楽しむことができるだろう」って考えてくれるようになった。楽しむってね、受け身な姿勢で〝ほげ〜……〟っと現実を眺めていいてもできないんだよね。積極的に現実と向き合って、自分が楽しくなる行動を取っていかないと楽しくない。

たまに、〝楽しむこと〟と〝楽をすること〟を勘違いしてしまう人もいるけど、私は全然違うと思ってる。楽をすることが、ダメなわけではないよ。ただ、**楽しんでいる最中は単純に楽しいわけだから、楽をしようっていう発想が生まれない**んだよね。

たとえば、小さい頃に楽しみだった遠足。楽しい遠足中に〝楽したいな〜〟なんて思わないじゃない？　〝楽しい、楽しい〜！〟としか考えていないでしょ。この状態になれば、勝手にやりたくなるんだよね、仕事でも趣味でも。

だから私は、**楽しんで仕事をすることがエネルギーを高くし、多くのエネルギーを注げるポイント**だと思ってる。去年からは、嫌いな仕事はどんどん手放して、好きな仕事だけを選んでる。そうしたら、24時間仕事のことを考えていても苦しくないし、もっと仕事をしたい！と思えるようになったよ。

10 周りに豊かさを与えた分、自分も豊かになる

「周りごと豊かになる」。これは私がずっと意識していること。周りが豊かになることで、自分も必ず豊かになると思ってきた。だから、会社のスタッフも生徒もSNSの読者さんも私の周りの人たちが豊かになっていくよう、意識しているんだ。

周りってやっぱり自分に似ている人たちだと思うのね。究極の自己投影でもある。周りがポジティブであれば自分もポジティブだという考え方と同じで、「周り＝自分」なんだよね。だから私は、**周りの豊かさを考えられる人が豊かになっていく**と思うし、その範囲の広さ、つまり**〝どこまでを周りだと認識しているのか？〟によって豊かさのレベル、影響力のレベルは変わってくる**と思ってる。

たとえば、〝日本を豊かにしたい〟と言う人もいれば、〝自分の家族を豊かにしたい〟という人もいるよね。その範囲が広ければ広いほど、豊かになる。

それはそうだよね。だってより多くの人にエネルギーを与えたほうが自分にめぐってくるエネルギーも増えるのだから。

その範囲の広さは、広いと良いとか狭いと悪いとかではなく、今世で生まれてきた時にある程度決めてくるんじゃないかな？（いきなりスピリチュアル的な考えだけど）。

だって、それって意図して思うものではなく、自然に湧き上がってくるものでしょ。コントロールできないものは、今世に生まれてきた目的に沿っているって考えないと納得できない。

ちなみに今、この原稿を書いている段階での私が考える「豊かさを広げたい範囲」は、アジアレベル（広っ‼）。自分の考え方って、外国人にも影響を与えられるのではないかと思ってる。考え方やマインドって、世界共通で大事だもん。私の言葉が世界に届いたら、もうそれは最高に幸せだなぁ。

周りを豊かにしようとか、エネルギーを与えようとか話すと、必ず出てくる問題がある。それは「自己犠牲をしてしまう」ということ。無理に相手に合わせたり、体を壊すまで与えようとしてしまったり、自分をないがしろにしてしまう人が多いんだよね。その結果、誰も幸せになれていない状態になる。だって、世界をつくっている自分が不幸せだったら、周りもそうなるでしょ？　でも、それは簡単に解決します！

ポイントは、**「自分がしたくないことはしない」**っていうシンプルなこと。したくないことで与える必要はなくて、**簡単にできることや楽しくできることで与えるように意識するだけでいい。**自分は世界。だから誰よりも何よりも自分を大事にすることを忘れないでね。

この考え方が身につくと、もはや自分とか他人とかっていう垣根があまりなくなるの。自分と他人がどんどん近くなって、周りが幸せだったら、自分も同じくらい幸せを感じられるようになったりする。そこまで行くと、自己犠牲っていう発想もなくなり、もっと自然で楽に生きられると思うな。

豊かになりたかったら、いつでも周りの幸せと自分の幸せを考えて行動しないとね。

11

自分の豊かさを周りに押しつけていない？

私はずっと周りを豊かにすることが大事だと思ってきたんだけど、ある時、大きな壁にぶつかったの。それは、私がいくら豊かになる方法を伝えても、なんにも変えようとしない人がいるってこと。それどころか逆に文句を言われたりして（笑）。その時に気づいた。私が思っている以上に、みんな豊かさを求めていないんだって！

多くの人は、**言葉では「豊かになりたい」と言っていても、行動を見ると実はもっと違うものを求めているん**だよね。だけど私は言葉だけしか意識していなかったから、「なんで変わらないの？　そんな男と遊ぶくらいなら、豊かになるための行動をしようよ。もっと豊かになるために頑張ろうよ！　豊かさ欲しいでしょ？　え!?　欲しくないの？　いや欲しいでしょ!!　欲しいと言え〜〜!!（怒）」って自分の価値観を押しつけて、苦しくなっていた。けれどそれは心のどこかで、「自分がもっと豊かになりたいから、相手にも豊かになってもらわないと困る！」っていう思考があったからだった。

私は気づいた。みんなそれぞれの価値観があって、「楽しさ」「達成感」「仲間とのつながり」「安心感」……それぞれ欲しいものは違うんだなぁって。私と周りは求めているものが違うから、行動が違うのも当たり前なんだよね。

この世界には正解なんてない。自分の価値観を押しつけずに、周りが欲しいものをちゃんと理解できるようになると自分も自由に欲しいものを求められるようになる。

私はこの時、**誰も気にせず自分が求めるだけの豊かさを手に入れよう**と思ったんだ。

豊かさの定義は、人によって違う

ここまで躍起になったのはね、自分だけが豊かになることは、私にとって最高のタブーだったから。周りは自分、自分は周りだから、周りも私と同じ豊かさレベルにならないといけないって思い込んでいたの。でも、豊かさって何？ってことだよね。

「豊かさ＝お金」ではない人も多くいるから。

あるスタッフが言ったの。「ゆきさんのそばにいるだけで安心するんです。そしてそこに豊かさを感じています」って。「えっ、そんなことあるの？」なんて驚いたのだけど、本当にお金を求めていない彼女の行動を見ていると、「あ、私だけが豊かになったとしても、周りは気にしないんだな。むしろ、私が豊かになることで豊かさを感じる人もいるんだな」ってわかった。

自分だけが豊かになっていくことに抵抗がある人って、多いんじゃないかな？　その思いがブロックになって、豊かさを遠ざけてしまっている人もいそうだよね。たとえば、家族を差し置いて自分だけ豊かな生活はダメだ、とかね。

本当は、自分だけがどんどん豊かになってもいいんだよ。周りも、その人それぞれの価値観に沿って欲しいものを手にしているのだから。

自分が豊かになると、いつでも誰かを助けてあげられる。だから、**周りに必死に豊かさを押しつけるんじゃなくて、自分が欲しい豊かさを求めていいんだよ。**

12

「幸せ」と「成功」を混同させない

私は「成功」を〝夢の実現〟だと考えている。

「成功したら幸せになる」と思っている人って多いと思う。私もずっとそう思っていたし、どんなに素晴らしい人に「成功」と「幸せ」は別だよって言われても、腑に落ちなくて納得できなかった。だって、近くで見てきた成功者は人間的にも素晴らしく、とても幸せそうに見えたから。

私は今、一応成功してるといえるけど（ここで成功していませんなんて書いたら、そもそもこの本の意味は？だしね）、実際欲しいものが手に入って思うことは、確かに〝成功と幸せは別だ！〟ってこと。

別なんだけど、近い部分もあると思ってる。成功して物質的な豊かさを手に入れることで満たされたり安心感を得られることはたくさんあるし、何よりも豊かになると周りに感謝したくなって、与えたい精神が働くんだよね。結果もっと豊かになる。

多くの人は、「成功」や「物質的な豊かさ」が手に入れば幸せになると思って成功を求めるけど、その道のりは全く楽ではないから、つらいことや、やりたくないことが起きると、「え？　ちっとも幸せじゃないんですけどー！　継続とか無理なんですけどー！予定と違ったんですけどー!!」と苦しむってパターンに陥る（笑）。

私は、成功したいと言った生徒にはスパルタで指導して、生徒が苦しもうが泣こうが行動してもらうようにしてる。耐えられなくてやめた生徒もいたけど（苦笑）。成功までの不快を少なくすることも可能だけど、ゼロにはならないのだよね。だから、その葛藤している最中の感情を楽しめない人は、成功してもなお、苦しいと思う。

それに対して**「幸せ」は今この瞬間になれる。今幸せを感じることをイメージすれば、あっというまに幸せになるの**。私の幸せは、自分のことを大好きな自分が、大好きな仲間と一緒に笑っていること。その場面を妄想するだけで心の奥が温かくなって、「嬉しい〜〜幸せ〜〜」と感じることができる。すごく簡単でしょ。無料で、しかも一瞬で幸せは手に入る。

この間ある生徒がね、「ゆきさんみたいに仕事をバリバリして仲間もできて、豊かさもある生活ができたら幸せです」って言っていたの。私はそれを聞いて、「どれだけ幸せが遠いの!?」って言った（笑）。**成功したから幸せになるなんて幻想ですから。幸せは成功していなくても手に入れることができる**んだもん！

それでも成功や物質的な豊かさがないと「幸せ」だと思えない人は、考え方を変えないと苦しいね。それもできないって言うんだったら、徹底的にビジネスをして豊かになってみればいいと思う。そしたら「成功」と「幸せ」が一緒かどうか、自分で判断できるから。私も自分で体感したからこそ、自分の感覚で「成功」と「幸せ」の違いがわかるようになった。

ずっと欲しかったものを買える喜びは、成功したからこそ感じられる。でも、欲しかったものが買えなかったとしても、自分のことが大好きで、仲間と笑い合っていることを考えたら、やっぱり「幸せ」はすぐに手に入るんだよね。私が、成功だけが幸せではないという理由、伝わったら嬉しいです。

13 わがままに生きれば、勝手に豊かになっていく

これからの時代は、自分の気持ちに忠実に従って、心の底から楽しんでいる人が豊かになっていく。エネルギーが高くなると、エネルギーの高い情報や人が多く集まってきて、チャンスがゴロゴロ転がってくるの。その結果、仕事が成功したり、素敵な人間関係ができたり、理想の結婚が叶ったりなど、いろんな豊かさが手に入るんだよね。そして、ここで大事なことが、自分のわがままを信じるってこと!!

わがままは極めれば極めるほど、個性となる。だって人はそれぞれ感情が動くポイントが違うじゃない？　どんなところで喜べるのか、どんなところで感動するのか、人の数だけ違いがある。だから、自分の感情に敏感に行動すればするほど、同じ人間はいなくなるんだよね。似ることはあっても、完全に一緒になることはないでしょ？だからこそ、サポートし合える。みんながわがままになったら、パズルのピースが全

てそろうみたいに、世界全体が調和するんだよ。

私は、本を読むことが好きで、文章を書くことが好きで、家にこもってパソコンに向かうだけで幸せになる。だから、その行動が活かせる仕事を無意識に選んでいた。好きだからずっと続けられるし、「今日も文章が書ける！」って考えたら朝起きる時もワクワクするの。ただパソコンのしすぎで吐き気がする時もあるけど……。

1日中ずっと部屋にこもり、パソコンと向き合い続け、人との連絡は全てメール……って、人によっては耐えられなくなってしまうんじゃないかな？（笑）　私もね、この生活に至るまでいろんな葛藤があった。だって会社を経営しているのに「会社に行きたくない」ってやばい人でしょ！　スタッフからすると、ありえないよね。私も、そんな自分を否定していたし、私が会社に行かなかったら、スタッフとの信頼関係も築けないかもしれないって思った。

でも、やっぱりエネルギーを信じて、自分のわがままを貫いたんだよね。会社に行くのは必要最低限にし、ひたすら家に引きこもることにした。その結果、どんどん文章を書けるようになって、そこに読者さんもたくさんついて、お客さんも増えて、会社の業績はまた上がった。しかも私の代わりに、マネジメントをしてくれる優秀なスタッフも現れたりして……。

「エネルギーのお陰だ」って思った。

わがままを言っているその渦中にいる時は怖さもある。〝スタッフに嫌われたくない〟とか、〝立派な社長でいたい〟とか、自分がわがままを言わなければ手に入るものもあるから、余計に葛藤してしまうんだよね。

こんなふうに、エネルギーを信じて行動するって、社会のルールとは反対のことをする場合も多い。いや、むしろ結構ある！(笑)。それでも信じ続けることが、わがままを言って豊かになる秘訣だね。

ちなみに、ちょっとわがままを言うだけで周りから反感を買ってしまう、と感じている人はいるかな？　そういう人は、自分の中にルールや制限がたくさんあるのかもしれない。自分がルールをたくさん持った人間だと、周りの人にもそれが投影されて、ルールをたくさん持った人たちになるんだよね。だから余計わがままを言えなくなる。わがままが言いづらい状態にいる人は、「自分は今までいっぱい我慢してきたんだね。

偉かったね」って自分自身に伝えてあげてほしい。

これまであなたがたくさん我慢をしてきたのは、周りに愛されたい、認められたいという、寂しい思いからの行動なんだよね。

私が昔、母に「かわいいね」って言われたかったみたいに、誰かに愛されたいと願うことは、自然な欲求なんだよ。たとえ他人軸であったとしても、その思いが悪いわけじゃない。すでに愛されているって知った今から変わっていけばいいんだよ。急にわがままになるのは、怖いかもしれないけれど、少しずつ自分を信じていこう。

この世界は、自分のエネルギーが高いことで、自分の世界が丸ごと豊かになっていく仕組み。自分を大切にして、わがままを貫くことでエネルギーは上がる。

でも多くの人は、その高いエネルギーに引き寄せられたエネルギーが現実化する前に、わがままに生きることをやめてしまう。そうしてエネルギーを落としていってしまうんだよね。

私は、どんなに周りの目が厳しくても、自分のエネルギーが上がることだけをやっていく。だって私は、自分の世界を愛しているから。

わがままを言うことで嫌われてしまっても、変な人だと思われても、エネルギー高くいることが周りにとってもベストだと知ってるから、流されないで、自分の感情をもっと優先しようって思える。

みんなにもわがままに生きてほしい。一時的にひとりぼっちになったとしても、この本があるから大丈夫だよ（笑）。わがままになったあとから引き寄せられてくるエネルギーたちは、あなたと同じ高い周波数のエネルギーだから、ワクワクして待っていよう。

そして、そのエネルギーを受け取った時に感じるはず。「世界は優しさであふれている」って。

わがままでいることは世界を豊かにする。
あなたの世界が丸ごと豊かになりますように……。

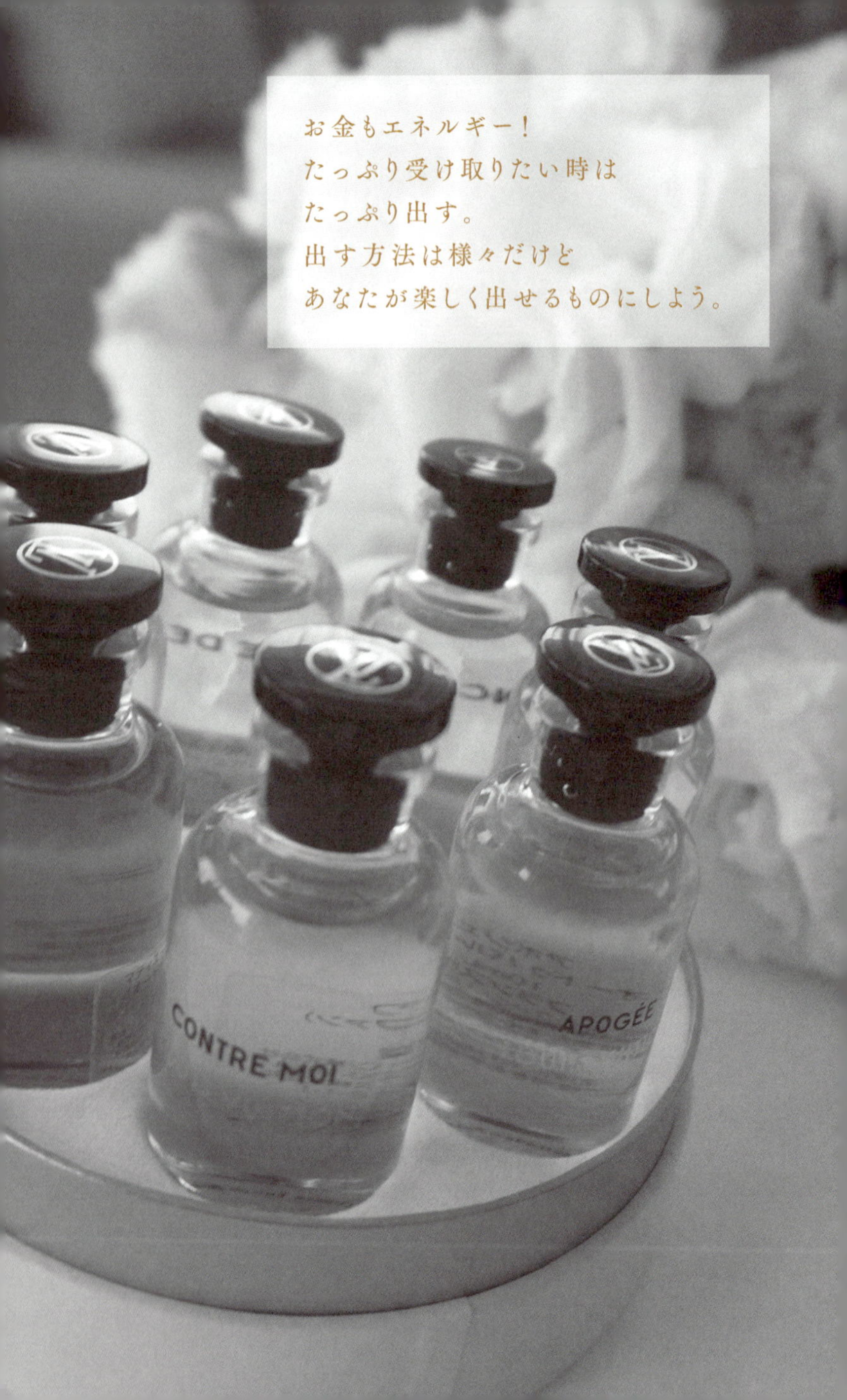

お金もエネルギー！
たっぷり受け取りたい時は
たっぷり出す。
出す方法は様々だけど
あなたが楽しく出せるものにしよう。

おわりに

佐賀の田舎で育った幼い頃の私は、図書館に行くことが一つの楽しみでした。家の周りには田んぼがたくさんあって、その田んぼの隣の道を、自転車で10分くらい走ると図書館に着きます。自分がまだ知らない世界を本たちが教えてくれる……そう思ったら、立ち漕ぎしたくなるくらい早く図書館に着きたかった。そして、本を読み終わった帰り道もまた、〝大人になったら、本に書かれているような経験をたくさんしよう！〟とワクワクした気持ちで自転車を漕いでいました。

未来になんの不安もなかったあの頃……。

それから大人になった今、まさか自分が本を書く側になっていて、そして、あの頃と同じように未来に不安を持つこともなく、ワクワクしているなんて！　考えただけで感動します。

私が出版したい、と本格的に動き出したのは3年前でした。でも、そこからなかなかオファーはなく、編集者さんを紹介してもらってもご縁につながりませんでした。

私は数年前まで、本当にただ日々のことを書き綴っているだけのブロガーだったのです。

その頃の自分はまだ、未来に不安がないと言い切ることはできませんでした。

それでも「わがままを言ってもいいんだよ」と自分に許可をして、素直になればなるほど自分を信じられるようになり、未来への不安は消えました。だからこそ、このタイミングで夢が叶って本を出版できたんだと思います。

私の言うわがままって、たくさんの成功者さんが、いろんな表現で伝えていると思うんです。「自分の感情を大事にしよう」とか、「好きなことをやろう」とか、「周りに嫌われる勇気を持とう」とか……。私もそれらの言葉に支えられてきたのだけれど、どんどん自分の感情に敏感になってそれを大事にしていくと、「わがままになってはいけない」という思いがブレーキになってしまうことがわかったんです。その時に、なるほど！と。だから多くの人は、自分の感情を優先できないんだ！って思いました。

わがままを言うって、実は怖いことですよね。

だってみんな周りの人に好かれたいし、認められたいですから。だから、わがままを我慢することの方が簡単だって思ったりもします。怖いからこそなかなか飛び込めないのだけれど、でも勇気を持ってわがままになれば、世界は変わります。自分の夢も、幸せも、わがままが道しるべとなってくれるんですから。今日から少しずつわがままになってほしいなぁって思います。

この本を書くにあたって、本当にたくさんの人に支えていただきました。編集を担当してくださった方々、専業主婦の時から私を応援してくれて、この本について自分のことのように一緒に悩んで、考えて、走ってくれた、私の分身みたいな存在の秘書には本当に言葉にできないほど感謝しています。そして家族やスタッフ、生徒、美人倶楽部のメンバーさん、ブログの読者さん……多くの方々の支えがあり、今の私がありります。私がわがままでいられるのは、そんな陰で支えてくれる人たちがいるからこそです。これだけは絶対に忘れてはいけないことだと思っています。

私は、これからもたくさんわがままを言って、周りに迷惑をかけながら生きていきます。

そして、そこからあふれてくる愛を世界中に還元していきたい。

わがままに生きるほど、世界はあなたの味方になる。次にそれを体現するのは、あなたかもしれません。

最後までお読みいただき、本当にありがとうございました。

またお話しできること、楽しみにしています♡

向井ゆき

わがままに生《い》きるほど
世界《せかい》はあなたの味方《みかた》になる

著　者――向井ゆき（むかい・ゆき）

発行者――押鐘太陽

発行所――株式会社三笠書房

〒102-0072 東京都千代田区飯田橋3-3-1
電話：(03)5226-5734（営業部）
：(03)5226-5731（編集部）
http://www.mikasashobo.co.jp

印　刷――誠宏印刷

製　本――若林製本工場

編集責任者　清水篤史
ISBN978-4-8379-2724-2 C0030
© Yuki Mukai, Printed in Japan
＊本書のコピー、スキャン、デジタル化等の無断複製は著作権法上での例外を除き禁じられています。本書を代行業者等の第三者に依頼してスキャンやデジタル化することは、たとえ個人や家庭内での利用であっても著作権法上認められておりません。
＊落丁・乱丁本は当社営業部宛にお送りください。お取替えいたします。
＊定価・発行日はカバーに表示してあります。

三笠書房

あなたの運はもっとよくなる！

浅見帆帆子

すごい！ 次々と……いいことが起こる！
「小さなコツ」で「運よく暮らす」本

著者自身が運をよくするために日々「実践している36のコツ」を初公開！――「日常生活での小さな工夫こそ、『望みを叶えるパワー』を生み出します。私がひとつずつためしてきて効果があったことだけ書きました。ぜひ、ためしてみてください。(浅見帆帆子)」

ベスト・パートナーになるために

心理学博士 ジョン・グレイ【著】／大島 渚【訳】

男と女――愛には
この〝かしこさ〟が必要です

「男は火星から、女は金星からやってきた」のキャッチフレーズで世界的大ベストセラーとなったJ・グレイ博士の本。「男と女――永遠の、そして一番大切なテーマを扱った不朽の名作」推薦・心屋仁之助

「頭のいい人」はシンプルに生きる

ウエイン・W・ダイアー【著】／渡部昇一【訳・解説】

あなたは、
「ものわかりのいい人」になる必要はない！

全米で47週ベストセラー上位を独走し、全世界で930万部を突破した、人生を「快適に生きる」ための自己啓発書の決定版！「運命の糸」を自分で操り、自分らしい生き方ができる！ 学ぶのに遅すぎることはない！

T30192